Parenting with Love and Wisdom

这样爱你刚刚好，我的3—4岁孩子

朱永新　孙云晓　李燕　主编
蓝玫　副主编　　吴慧娴　吕芳　本册作者

湖南教育出版社

编 委 会

把幸福还给家庭（代序）

父母的教育素养，直接影响甚至决定着孩子的发展。

在教育中，家庭是成长之源。一个人的一生有四个重要的生命场：母亲的子宫、家庭、学校和职场。其他三个场所随着时间改变，家庭却始终占据一半的分量，是最重要的场所。孩子的成长，最初是从家庭生活中得到物质和精神的滋养。人生从家庭出发，最后还是回到家庭。

在家庭教育中，父母的成长是孩子成长的前提。家庭教育不只是简单的教育孩子，更是父母的自我教育。没有父母的成长，永远不可能有孩子的成长。与孩子一起成长，才是家庭教育最美丽的风景，才是父母最美好的人生姿态！抚养孩子并不仅仅是父母的任务，也是父母精神生命的第二次发育。对孩子的抚育过程，是父母自身成长历程的一种折射。如果父母能够用心梳理孩子的教育问题，就能回顾和化解自己成长中出现的问题，就能实现精神生命的第二次发育，再次生长。

过一种幸福完整的教育生活，是家庭教育的根本朝向。“幸福”不仅仅是教育的目标，更是人类的终极目标。幸福教育是幸福人生的基础。新教育实验的理想，就是让人们快乐、自主地学习，真正地享受学习生活，发现自己的天赋与潜能，在和伟大事物遭遇的过程中发现自我、成就自我。教育本来就是增进幸福的重要途径。挑战未知，合作学习，应该是非常幸福的。所以，家庭应该和学校、社区一道，努力创造让孩子幸福成长、快乐学习的环境。把童年还给孩子，把幸福还给家庭，是我们这套教材的核心理念。

“完整”的内涵比较丰富，但最重要的精神就是让孩子成为他自己。现在教育很大的问题，就是用统一的大纲、统一的考试、统一的评价，把本来具有无限发展可能的人变成了单向度的人。我们的教育是补短，就算把所有的短补齐了，也只是把所有的孩子变成一样了，而不是扬每个孩子所长。其实，真正的教育应该扬长避短。人什么时候最幸福？发现自己才华，找到自己值得为之付出一生努力的方向，能够痴迷一件事情，实现自己的梦想，一个人在这时才是最幸福和快乐的。这就是新教育所说的完整幸福。

如今，教育是父母最关注的问题，但家庭教育却在父母的焦虑中常常脱离了正确的轨道。为了“幸福完整”这一目标，我们的父母应该建设一个汇聚美好事物的家庭，自身也应该成为美好的人，从而帮助孩子成为更好的自己。

理念比方法更重要，但并不意味着方法没有价值，相反，只有好的方法才能让好的理念真正落地。因此，我们邀请了知名教育研究机构的相关专家，精心编写了这套新父母系列教材。这是国内第一套从孕期开始直到孩子成为大学生的父母系列读本，希望能够为不同年龄、不同阶段孩子的父母提供蕴藏正确理念的有效家庭教育方法。

父母对孩子的爱，再多也不嫌多。父母如何爱孩子？随着时代的变迁，方法也在不断改变。如何才能更好地爱？我们以“智慧爱”的理念，探索着充满智慧的、恰到好处的爱的方法，对此还在不断研究之中，这套书也会不断修订。希望广大父母读者及时提出意见与建议，让我们一起完善这套书，让我们对自己、对孩子、对世界，都能爱得刚刚好。

朱永新

2017年6月16日写于北京滴石斋

目 录

第一章　从“小绵羊”到“叛逆王”　/1
1. 认识你的 3 岁孩子　/2
2. 给父母的建议　/8

第二章　平稳而活跃的成长模式　/13
1. 大脑的神奇功能　/14
2. 身体形态发生变化　/17

第三章　全面提升的心智能力　/27
1. 感知能力全面提升　/28
2. 5 分钟左右的热度　/32
3. 让人惊叹的记忆力　/37
4. 天马行空的想象世界　/40
5. 闲不住的小嘴巴　/42

第四章　日渐丰富而捉摸不定的情绪　/ 47
1. 冲动、外露、易变的情感　/ 48
2. 理解情绪的能力加强　/ 52
3. 细腻的情感开始萌芽　/ 55
4. 不知所措的情绪释放　/ 61

第五章　不断扩大的交往圈　/ 65
1. 喜欢与小朋友玩耍　/ 66
2. 性别角色倾向明显　/ 72
3. 黏着你，喜欢跟你在一起　/ 76

第六章　迎接入园新生活　/ 82
1. 适合才是最好的　/ 83
2. 爱上幼儿园　/ 88
3. 父母的新生活　/ 97

第七章　快乐而有意义的家庭节日　/ 103
1. 庆祝节日的原则　/ 104
2. 孩子的 3 岁生日　/ 107
3. 好玩又有趣的中秋节　/ 113
4. 感恩母亲　/ 118

第八章　长情而优质的陪伴　／121
1. 陪伴要重质量　／122
2. 爱他就陪他做游戏　／125
3. 走，一起去郊游　／129
4. 陪孩子一起读书　／134

第九章　父母做对了，孩子才会对　／141
1. 怎么说，孩子才会听　／142
2. 怎么听，孩子才会说　／147
3. 怎么做，教养孩子更轻松　／151

第十章　你问我答　／159
1. 孩子挑食怎么办？　／160
2. 孩子不接受小弟弟，怎么办？　／161
3. 孩子进入幼儿园，上课不敢回答问题怎么办？　／163
4. 孩子为什么不愿意与其他小朋友一起分享呢？　／164
5. 孩子注意力不集中怎么办？　／165
6. 孩子在幼儿园没有获得小贴纸，很难过，怎么办？　／167
7. 老人坚持给孩子喂饭怎么办？　／168
8. 孩子得不到自己想要的东西就哭闹怎么办？　／169
9. 为什么孩子上幼儿园后就经常生病？　／171
10. 孩子早上总是嚷嚷着不要去幼儿园，怎么办？　／172
11. 孩子撒谎怎么办？　／174

12.“为什么男孩子要站着撒尿？” /175
13. 孩子习惯了晚睡怎么办？ /176
14. 孩子一紧张就抠指甲怎么办？ /177
15. 比赛中孩子得不了第一，哭闹怎么办？ /179

主要参考文献 /181
后记 /182

1

第一章

从“小绵羊”到“叛逆王”

1. 认识你的3岁孩子

上幼儿园后，孩子的生活将发生巨大变化，他们与父母在一起的时间减少，与同伴、老师的交流日益增多。他们像一个开拓者，带着好奇探索着家以外的世界。3 岁孩子是个奇怪的矛盾体，他们想要独立却不够自信，渴望朋友却冲突不断，时而“小绵羊”，时而“叛逆王”。对，这就是 3 岁的孩子，正经历成长中的一个小小转折点，请再多一点耐心，多一点爱。

自理能力明显提高

3 岁后的孩子自理能力明显提高，在成人的正确指引下，他们可以用勺子吃饭，会自己穿衣裤和带魔术贴的鞋子，扣一些容易操作的扣子，还会刷牙漱口、洗手洗脸、进餐喝水、整理小书包、收拾玩具等。如果得到你适时的鼓励，他会更加有自信并乐于做力所能及的事情。当然孩子自理能力的加强离不开幼儿园这个“小社会”，入园带来的环境变化正好为培养 3 岁孩子的自理能力提供了契机，孩子不得不学习各种生活技能，从而更好地适应幼儿园。

值得注意的是，虽然3岁孩子的自理能力明显增强，但他们很快就会对部分枯燥的需要自理的事情失去兴趣，尤其是三岁半后，孩子会在生活上表现出和父母对着干的情况，他们不好好刷牙，穿鞋的时候慢吞吞，吃饭的时候四处张望也不好好拿勺子。你还发现孩子在家里和在幼儿园时表现不一致，如有的3岁孩子在幼儿园能独自吃饭，在家里却张着嘴巴等你去喂。他们大多数时候仍会把自己当作小宝宝，在关心疼爱自己的家人面前撒娇卖萌。

认知能力稳步提升

3岁孩子各方面的心智能力进入一个稳定的成长期。他们乐于跟小朋友玩耍并在“玩”中获得知觉、注意、记忆、思维等心智能力的发展。

3岁孩子的记忆力会让你感到惊讶，他通常会无意识地记住形象鲜明、具体生动的事情，他们会不断复述绘本中的某句话或你不经意间提到的事情。只不过3岁的孩子记得快忘得也快，并且容易受成人暗示。

3岁孩子会数1~10以内的数字，当然也有的孩子能数到30或50，只不过3岁孩子的计数仍不稳定，经常出现反复现象。不过大部分孩子的计数属于“背数”，他们并不了解10以上的数字代表的意义。

3岁孩子的语言能力获得飞速发展，他们能理解成人的话语并

能用清晰的语言表达自己的感受与需要。他们的发音越来越准确，词汇量也不断增加，他们还对“秘密”“更大”“更好”等夸张的词汇感兴趣，但对于成人一些复杂的反话和被动句，他们仍然听不懂。当然，不同的孩子存在个体差异，3 岁的孩子在能力表现方面也会有所不同。

有了初步的规范意识

与 2 岁孩子“哭闹起来无休止”相比，3 岁的孩子有了更多的规范意识。他们哭闹的时间变短，哭闹的场合也尽量有所选择，他们会不断地试探父母能容忍的底线，并尽量不去踏到父母的“雷区”。如 3 岁的孩子知道在客人来时不可以随意胡闹，在公众场合不能大声乱叫，在幼儿园午睡时不能吵到别的小朋友，喝水的时候要排队轮流等待，不能随意抢别的小朋友的玩具，甚至把家里的东西弄坏了，他也会跟妈妈道歉。尤其是 3 岁到三岁半，你会发现自己的孩子比过去要懂事很多。当然 3 岁孩子的规范意识与幼儿园的生活息息相关，3 岁的孩子在幼儿园中逐渐熟悉每日的生活安排，固定的班级、重复性和规律性的流程让孩子觉得有安全感。

虽然 3 岁的孩子有了规范意识，但孩子眼中的规范仍具有表面性，他们并不会乖乖听从父母的话并处处遵守规则，只有事关他们自身安全时，3 岁的孩子才会表现出遵守规范的行为。如做错事他们会道歉，因为这可能让他们免受父母的惩罚；但叫 3 岁的孩子收拾玩具，他们可能就会置之不理。

开始对同伴感兴趣

3 岁孩子的社会交往范围有了很大的拓展，他们开始表现出对父母以外的人的兴趣，也开始认同、接纳同伴和老师。在上幼儿园后，3 岁的孩子会把对父母的依赖转移到老师身上，他们希望老师蹲下来抱抱他、亲亲他，尤其是刚上幼儿园的 3 岁孩子，他们可能会拉着老师的衣角说“你过来陪我坐着”。

当然，3 岁的孩子更乐意与同伴玩耍，他们会在幼儿园放学的路上和父母絮叨自己的好朋友，他们还会和一个餐桌的小伙伴们做鬼脸或模仿小伙伴的动作，他们越来越享受和小朋友一起玩耍的时光并表现出一些简单的交往策略，他们会说“我们一起来玩吧”或默默加入小朋友的游戏中。他们还不太在意同伴之间的协作，往往是各玩各的或伴随身体动作上的暗示与模仿，有时候会相互追逐、奔跑、喊叫，而不太会像 4—5 岁的孩子那样去讨论游戏情节和规则。

情绪捉摸不定

3 岁孩子的情绪仍然不稳定，容易冲动、外露。他们会因为一些小事而哭闹，如他想玩小区里的某样器械，但要排队等待，此时他可能就不高兴了。只不过 3 岁孩子哭闹的表现形式与 2 岁孩子的大声哭闹有所不同，他们哭闹的形式更加多样化。当自己的要求得不到满足时他们会通过噘嘴、跺脚等形式来向父母表达自己的不满。但 3 岁孩子的这种哭闹情绪不会持续很久，父母过去哄哄他或者让他安静地待上 10 分钟，他们又会高兴地玩别的游戏去了。

3 岁孩子开始能够推测和理解他人的情绪。他们不仅能识别他人的喜怒哀乐，还能理解别人情绪背后的原因，如看到摔倒的小朋友哭泣时，他们会说“他摔疼了”。3 岁的孩子还会及时察觉到父母的喜怒情绪，当父母和颜悦色时，他们会尽情地与父母撒娇，当父母生气时，他们就不会表现得过分放肆。

此外，他们也开始会使用一些策略来调节自己的消极情绪。3岁的孩子明确知道自己害怕的事物，如他们会对虫子、魔鬼、老虎等特定的事物表现出强烈的恐惧感，此时他们可能通过依偎在成人旁边或者轻拍自己的胸脯来缓解自己的恐惧心理。值得注意的是，3岁的孩子已经出现自豪、羞愧等自我意识情绪，如3岁的孩子会因为自己做错事情感到不好意思，也会因为赢了比赛而沾沾自喜。

处处宣示自己的独立意识

大部分孩子在三岁半左右会迎来叛逆期，此时孩子的种种行为让父母感到抓狂至极，他们动不动就闹情绪，发脾气，经常把“不”字挂在嘴边，还时不时地假哭。有时候孩子刚跟你说想喝牛奶，等你把牛奶拿来，他却说“我想喝果汁”。他们还会故意把水含在嘴里不吞下去。对于父母的种种要求他都不再顺从听话，如你让孩子去洗脸，他会说“等一下再洗”。孩子的这些表现分分钟都在考验着父母的神经，即使再耐心的父母有时候也感到力不从心。

3岁的孩子什么都想尝试，但真的做起来又做不好，会陷入焦虑和缺乏安全感的困境中。当他们做不好事情或拿不定主意时，会表现得执拗和反复无常，其实这只是他们想要证明自己能掌握外部世界的方式而已。此时你若与他们讲道理，他们会充耳不闻。有的父母会打骂孩子，这让孩子更加缺乏安全感。

2. 给父母的建议

孩子进入3岁，父母的角色悄然发生着变化。如果说3岁以前，父母更多地承担着照料者的角色，那3岁以后，父母开始走向引导者的角色。以下是给转变中的父母的一些建议。

陪伴与爱，让孩子感到安全和亲密

虽然孩子的独立意识不断增强，需求不断扩大，但他们仍然渴求父母的陪伴。当3岁的孩子在探索中遇到困难或磕绊时，他们会因为缺乏安全感而焦虑、胆怯，此时他们第一个想到的便是父母的怀抱和安慰。父母的关怀让孩子感到自己是有所依靠的，从而有足够的勇气继续去“闯荡”外面的世界。因而除了有必要的耐心以外，你要经常向孩子表达爱的关怀：当孩子做对事情时给予及时的鼓励；当孩子犯错误时，在采取合适的方法教育后要传递“爸爸妈妈仍然爱你”的信号。

当然父母需意识到“关爱”并不等同于“溺爱”。3岁的孩子正处于规则意识的建构期，父母不能无原则地迁就孩子所有的需求，

什么事情都由着孩子的性子来，而是要帮助孩子建构规则，习得一定的社会规范，如“在街上不能四处乱跑”“不能随便抢玩具”等。不用担心这些规范会限制孩子的个性与创造力，相反，这些规范能帮助孩子更好地适应新的环境、和小朋友相处，让孩子感到安全。

此外，我们仍然倡导父亲参与教养的重要性。虽然 3 岁的孩子普遍对母亲表现出更多的依恋倾向，但父亲的参与会丰富家庭的教养形式，让孩子从不同的视角看待外界社会。父亲的参与能够为 3 岁的孩子带来果敢、刚毅的榜样形象，还能在一定程度上缓解 3 岁男孩的“恋母情结”。

给孩子探索的自由和空间，学会适度放手

3 岁的孩子对外面的世界充满了好奇，他们对任何事物都充满了兴趣，必要的时候他们还想自己去亲身体验一番。他们希望能出去玩沙子、玩水，和小伙伴一起追逐跑跳，他们还可能扮演“超级飞侠”把家里弄得一团糟。而有些父母总会以保护孩子的名义处处限制孩子的双手，他们把家里装修得富丽堂皇，收拾得干净利落，一旦孩子玩耍把家里弄乱就会大声呵斥；还有的父母总觉得孩子玩沙子会把衣服弄脏，玩水会感冒。父母的种种限制让 3 岁的孩子产生内疚感和无能感，久而久之他们就会对探索失去兴趣。相反，如果父母对孩子在安全范畴内的探索持鼓励和支持态度，孩子便会获得主动感。因而，父母要尽可能还孩子探索的自由和空间，让孩子亲近自然。

此外，在 3 岁孩子的生活自理方面，你要相信眼前这个 3 岁小人儿的大大能量，不可事事为孩子包办，要让孩子尝试做力所能及的事情。事实上，3 岁的孩子也十分乐意独立去尝试一些新的事情，这让他们获得初步掌控世界的感觉。当然还有一些可以让孩子尝试的事情，比如让孩子独睡，三岁半之后的孩子已经具备和父母分开睡的能力，当然大部分 3 岁的孩子并不乐意，有些父母也会以自己的孩子太小为借口拒绝，其实不是孩子做不到，而是父母不愿意放手。3 岁的孩子已经具备一定的自主性和能动性，适度的放手可以让孩子在增强自理能力的同时获得更好的发展。

接纳孩子的消极情绪

3 岁孩子的情绪情感表露于形，他们遇到开心的事儿就笑，要求得不到满足时便哭，他们还会害怕老虎、妖怪之类的东西。他们仍然不擅长控制和调节自己的情绪，可能眼泪未干又开心地笑，对喜欢的人会表示亲近，对不熟悉的人会表现得谨慎小心。当然，最让 3 岁孩子感到压力的应该是每天去上幼儿园，这对他们可是不小的挑战，他们会出现或深或浅的分离焦虑，也会因为焦虑出现动作行为的暂时倒退。

父母要接纳和理解孩子面对压力时的消极情绪，更要意识到 3 岁的孩子在面临冲突情境和不如意事件时，哭泣、顶撞是他们调节消极情绪的释放性策略。因而，你要鼓励孩子把内心的感受表达出来，适时地给孩子提供表达情绪的榜样，让孩子知晓高兴、伤心、害怕背后的原因，如“东西弄丢了，妈妈很难过”“宝宝进步了，妈妈很开心”等。

给自己多点关心

对付 3 岁的孩子也许让你筋疲力尽，再加上工作的忙碌、生活的琐碎，会让你总是觉得时间不够用，总是习惯把自己放在最后。但是，这样并不是智慧父母应有的状态。

在这里，我们想告诉所有的父母：请好好爱自己。无论如何，请留点时间给自己：你可以继续自己长期喜欢的手工、音乐，可以读读闲书；妈妈可以去做个漂亮的头发，好好逛一次街；夫妻可以抽空看一场电影……总之，你要明白，你不仅仅是孩子的父母，你更是一个完整独立的个体。孩子是看着你的样子长大的，一个充分享受人生、快乐积极的父母会给孩子带去更多幸福。

回顾与思考

1. 相比较 3 岁前，你认为自己孩子在哪些方面有明显进步？

2. 你的孩子有哪些令你感到头疼的叛逆表现？

3. 当你的孩子犯错时，你主要采取什么办法教育他？

4. 你认为自己在养育孩子的过程中做得不足的地方在哪里？

5. 孩子的父亲在养育孩子的过程中扮演着什么样的角色？

2

第 二 章

平稳而活跃的成长模式

1. 大脑的神奇功能

3 岁孩子大脑中的突触是成人的两倍，大脑活跃程度也高于成人。同时，3 岁之后，孩子的小脑逐渐发育成熟。小脑是参与躯体平衡与随意运动的调节中枢，这也是为什么 1 岁左右的孩子蹒跚学步而 3 岁的孩子能稳步走跑跳的原因。

玩起来不知道累

在生活中，你会发现 3 岁的孩子总坐不住，他们似乎总是精力充沛，对任何事情都充满了好奇，总想自己亲自尝试一番。相比较婴儿期，3 岁孩子每天在苏醒状态下的游戏、学习、实践活动明显增多，他们可以连续活动 5~6 个小时，日间只需要一次 1~2 个小时的睡眠。

小贴士　为什么 3 岁的孩子精力如此旺盛？

这与孩子大脑皮层的兴奋和抑制有关。大脑的基本活动是反射，如看到红灯停下来就是反射，而任何复杂反射活动都是大脑皮层兴奋与抑制的协调结果。兴奋过程会加强大脑皮层上相关器官、肌肉的活动，而抑制过程则相反。3 岁孩子的大脑皮层细胞数达到 150 亿个，大脑皮层的细胞机能很快分化，兴奋过程不断增强，使得 3 岁孩子的精力比以前旺盛。当然，3 岁孩子的大脑抑制功能也有所发展，大脑皮层对皮下调节作用增强，相对减少了孩子的冲动性。但 3 岁孩子大脑皮层的兴奋过程强于抑制过程，且兴奋过程容易传导与传递，这就是孩子好玩好动、注意力不集中、玩起来不知道累的原因所在。

有固定的用手习惯

三岁半的多多上幼儿园小班三个月了，多多妈妈近来很烦恼，因为幼儿园陈老师告诉她多多总是用左手画画，这种“左利手”的习惯会影响到多多以后的学习与生活，老师要求多多妈妈配合纠正。其实多多妈妈在家里早就发现了这个问题，她观察到多多从小就习惯用左手吃饭、左手玩小汽车、左手拿东西。家里的爷爷奶奶认为左利手是笨拙古怪的表现，因而他们总是强迫多多纠正用左手拿筷子吃饭的习惯，但多多妈妈也听闻“左利手比较聪明”的说法，一时间陷入纠结的状态。“左利手宝宝”就一定要纠正吗?

从孩子用手偏好发展来看，1 岁之内的婴儿还没有实现左右手的分化，他们扔东西、拿玩具的动作会在左右手之间切换，一岁半左右的孩子会逐渐确定用手偏好，5 岁的孩子有 90% 会形成用手偏

好。还有研究表明，男性中左利手的数量约是女性数量的 1.23 倍。

在左利手孩子以往的成长中，父母的经验引导与纠正无疑起到一定作用，但现在年轻的父母关注的不再是“左利手宝宝能不能纠正”的问题，而是“左利手宝宝要不要及时纠正”。尤其是 3 岁的孩子刚上幼儿园，很多父母担心左利手会影响孩子以后的书写，甚至有些老师要求父母配合纠正左利手宝宝，这让父母压力倍增。

对左利手宝宝的极度纠正在一定程度上是转移孩子的优势脑半球，表面上是纠正手的问题，实际上左利手涉及大脑的复杂构造与运行。如果父母强行干预，对左利手进行改造，很容易让孩子陷入挫折，给孩子带来无助感，甚至给孩子造成心理阴影。相关研究表明，父母纠正左利手的成功率为 5%，被改造过的左利手孩子虽然在智力方面没有受到影响，但在思维、语言表达与书写、体育等方面可能出现问题。因而对于左利手宝宝，我们的建议是不要强行纠正他们，要相信左利手和右利手都有各自的潜能。

2. 身体形态发生变化

在经历了婴儿期身体迅速发展的第一个高峰期后，3 岁孩子的身体形态发生变化，原本的“婴儿肥”日渐消失，身体比例接近成人，平衡和协调能力有所提高，他们可以轻松地控制自己的身体并更加自如地活动。

更加结实强健的身体

3 岁孩子的肌肉组织增加，他们的身体看上去比之前更加结实、健壮。相比较婴儿期，3 岁后孩子的身高与体重增长速度相对放缓。根据中国 2014 年国民体质监测报告，我国 3—4 岁的男孩平均身高为 102.2~107.8 厘米，女孩为 100.9~106.5 厘米，男孩体重为 16.6~18.3 公斤，女孩体重为 15.9~17.5 公斤。男女孩身体比例相似，男孩相对于女孩要高一点、重一点。当然，3 岁孩子早期在身体发育的速度上存在差异，这可能与家庭中的遗传、营养等因素有关。

身高、体重是 3 岁孩子生理成长的重要指标，父母需有意识地监测孩子的身高、体重并评估孩子的生理变化，为孩子建立成长档案。就身高测量而言，一般 3 岁前的孩子躺下进行测量，3 岁后的孩子可站立进行测量。父母可在家中墙壁上贴上身高标准测量纸，要求孩子脱鞋、双脚并拢、挺直身体完成身高测量。孩子的体重测量尽量选择电子秤，称量时避免摇晃，监测频率可为半年一次。这些监测对孩子成长问题的诊断有筛查作用，尤其是对早产儿、低体重儿的生长发育有监控作用。

骨头还很软

3 岁孩子的骨骼还比较纤细，相较于成人，他们骨骼的承压能力和肌肉拉力较差，关节囊较松弛，其周围的关节韧带也不够结实。当孩子肘部处于伸直状态时，若被猛烈拉扯，容易造成肘关节脱臼，这就是常说的“牵拉肘”。生活中，父母拉着 3 岁孩子上楼梯、过马路或者帮孩子穿衣服的时候，用力牵拉、提拎小儿的手臂都可能造成牵拉肘的发生。当 3 岁孩子发生牵拉肘时，他们可能会大声地叫手疼，但父母可能感到疑惑，因为孩子的手臂不会有明显的外伤，此时父母可观察孩子的手臂，若孩子手臂呈现屈状，不能举手、旋转，拒绝拿、取食物和玩具，此时父母务必要重视起来并及时送孩子就医。值得注意的是，如果孩子在家曾有过牵拉肘的历史，那么在孩子入园时，父母有必要把这些信息及时告知幼儿园老师，和幼儿园老师一起做好相关预防措施。

3 岁孩子的骨骼具有可塑性，易发生形态和结构上的改变。如

孩子缺钙可产生佝偻病，出现 O 型腿或 X 型腿等症状，父母可平衡孩子的膳食，让孩子摄入适量的肉、奶、蛋、谷物、豆制品以及蔬菜、水果，使营养尽量全面。有时候孩子并不是单纯地缺钙，维生素 D 摄入不足也会使得骨钙化不全，此时可以通过摄入充足的维生素 D 得以预防，如让孩子多食维生素 D 丰富的海鱼、蛋黄、动物肝脏等食物，当然还要增加孩子户外活动的时间，让孩子多晒太阳。

小贴士　孩子与成人相比，谁更易骨折？

骨骼的主要成分是有机物和无机物，有机物主要是蛋白质，这使得骨具有一定的韧性；无机物主要是一些钙、磷物质，这使得骨具有一定的硬度。相比较成人，孩子不易骨折。其原因是孩子与成人骨骼的化学成分比例不同，孩子骨骼中骨胶原纤维多，钙盐少，因而相较于成人骨更加柔软，可塑性强。随着年龄的增长成人骨骼成分会发生变化，年龄越大，成人的骨胶原纤维比例越小，钙盐比例上升，骨骼的韧性也就越差。但孩子骨骼坚固性差，不易受损也只是相对于成人而言，若真受到强烈撞击也容易发生骨折。

可能出现龋齿

蛀牙和虫牙都称为龋齿，是一种细菌性疾病。美国儿科学会的数据统计表明，2 岁孩子长蛀牙的比例为 10%，3 岁孩子蛀牙的比例会达到 28%。我国学者的研究也显示幼儿园小班孩子患龋齿的比例高达 34.2%。

3 岁孩子容易患龋齿与孩子饮食、睡眠、口腔卫生习惯以及父母口腔卫生意识等因素息息相关。研究表明，那些经常吃零食、甜食，睡前进餐且进餐后没有刷牙习惯的孩子患龋齿率较高，因为食物残渣中的淀粉等糖类物质是口腔细菌生存的载体，它们很快被细菌发酵成酸性物质，不断腐蚀孩子未成熟的牙釉质，从而形成龋洞。

预防孩子发生龋齿可从饮食教育、学会刷牙方面着手。众所周知，3 岁的孩子仍然对甜食情有独钟，糖果、饼干、蛋糕、饮料都是他们的最爱。父母要培养孩子良好的饮食习惯，少给孩子吃甜食，坚持睡前不进食、食后要刷牙的卫生习惯。还有些父母认为 3 岁孩子的乳牙反正是需要更换的，得了龋齿也不要紧，这是一个误区，孩子乳牙时期的龋齿若得不到及时的关注和治疗，那么萌出的恒牙会存在发育缺陷，还可能会发展为牙髓炎、根尖周炎，严重的还会影响到进食、消化与美观。

动作协调能力提高

3 岁的贝贝近来每天早晨都执着地要自己穿衣服、穿鞋子。她对衣服上带花的纽扣尤其感兴趣，坚持要自己一粒一粒地把纽扣扣好。可这苦了贝贝的爸妈了，幼儿园有规定的入园时间，但贝贝自己穿衣服占用了洗漱、用餐的时间，因而总是迟到。有时候贝贝好不容易把衣服穿完整后，妈妈却发现裤子和鞋子穿反了，扣子扣得歪歪扭扭，这让妈妈哭笑不得。

孩子进入 3 岁以后，自由活动能力大大增强，这是身体各项能力增长带给他们的自信。他们能够更好地掌控自己的身体，肌肉力量也获得发展，大动作和精细动作能力都有显著提高。

蹦蹦跳跳小达人

随着 3 岁的孩子大肌肉的发展与手眼协调能力的稳定，他们可以灵活地做一些大动作，如走、跑、跳跃、攀爬等。他们渴望像成人那样上下楼梯，喜欢和小伙伴们追逐、跑跳、拍球。

上楼梯　3 岁的孩子在行走方面更加自如，他们喜欢蹦蹦跳跳，上下楼梯。上楼梯时，他们能够灵活地交替使用双脚，但在下楼梯时，每次只能移动下一只脚，对他们而言，下楼梯比上楼梯更难。

跳跃　3 岁的孩子已经能够单脚连续向前跳跃 2 米左右，有时候左右脚甚至能够交替进行单脚跳跃，他们也享受这种跳跃的乐趣，事实上这种跳跃也提高了孩子身体的灵活性和平衡力。

站立　3 岁的孩子能够单脚站立 5 秒左右，这也是孩子平衡能力提高的表现。父母可与孩子比赛进行单脚站立，他们会非常乐于此项活动并且在单脚支撑不住摔倒时哈哈大笑。

攀爬　3 岁的孩子对于探险性的攀爬动作开始感兴趣，他们会爬低矮的滑滑梯，喜欢从滑滑梯的下面逆向往上爬，这是孩子从事冒险性动作的开端。

拍球　3 岁的孩子很喜欢球类运动，他们能双手向上抛球，其扔球和接球姿势与早期也有所不同。3 岁的孩子可以弯曲自己的肘部拍球，4 岁的孩子在扔球时会旋转自己的身体。但如果球的速度很快，3—4 岁的孩子还不能很好地借用身体的其他力量来接球、扔球。

骑车　3 岁的孩子能够骑脚踏三轮车，他们享受骑车的快乐并且愿意让别人看他骑车，这种活动让他们感到自己是“大孩子”了。

做操　3 岁的孩子能模仿成人的简单动作，他们的肢体能随音乐做出摆动，做一些简单的律动操，当然他们也喜欢做各种模仿游戏。

我能行，我自己来

3 岁孩子手部的小肌肉群的精细动作进一步发展，多数孩子可以自己穿衣、绘画、剪纸、玩积木、倒牛奶等。“我自己来”成为他们挂在嘴边的一句话。父母要为孩子提供尝试和体验的机会，而不是苛求孩子做得完美。当然，父母及时的鼓励和表扬对 3 岁的孩子来说尤为重要，这会让他们觉得自己很厉害，从而更加乐于做这些力所能及的事情，甚至想通过这种途径来向父母证明自己的独立意识。

穿衣穿鞋　3 岁的孩子能够在父母的指导下自己穿衣穿鞋，但是他们可能会把衣服穿反，把两条腿穿进一个裤筒里，把左脚的鞋子穿到右脚上却浑然不知，这在父母看来可爱又好玩。他们还能自己脱宽松衣物，但对于冬天的毛衣或构造复杂的衣物他们仍需要成人的协助。虽然 3 岁的孩子独自穿脱衣服时总会出现这样或那样的状况，但与他们 2 岁的时候相比，这已经是很大的进步了。

扣扣子　3 岁的孩子已经能够用食指和拇指来拿取物品了，他们可以自己扣扣子，只是扣子和扣眼可能并不一一对应。这个时期孩子手部的小肌肉动作有所发展，但仍然不够精细，他们对于更复杂的诸如系鞋带这样的动作还不能独自胜任，因而父母要尽可能为 3 岁孩子选择带魔术贴的鞋子，方便他们在幼儿园穿脱。值得一提的是，这一时期的孩子从对自己身体的控制上找到了成就感，他们喜欢独立做某件事情并骄傲于自己获得的新技能。

书写绘画　3 岁的孩子握笔姿势多样，他们还不能掌握正确的握笔姿势，也区分不了书写和绘画。如果让他们写字，他们会用画画的线条表示字。3 岁之前孩子以涂鸦为主，3 岁之后孩子开始意识到别人要看他的画，会画出有代表性的东西，他们开始画人物，他们会用圆圈和线条表现人的基本形态，4 岁的孩子会画出人脸部的眼睛、鼻子、嘴巴等细节。成人有时很难看懂这一时期的孩子的画，但孩子却能用一个简单的故事去解释画的内容。通过孩子的描述，成人可以从孩子的绘画作品中解读孩子的各种想法和情绪。

搭积木　搭建积木是孩子精细动作的体现。3 岁孩子能够摆弄和建构简单的造型，他们会专心搭建出一座高楼，虽然高楼总是搭建得歪歪斜斜，但孩子会在这些创造性的活动中获得成就感。4 岁孩子的协调性有所提高，他们喜欢把搭建的高楼推倒重新来过，理由是他们觉得自己搭建的楼房并不好看。

使用工具　3 岁的孩子已经能够使用安全剪刀、勺子、笔等工具。他们能用剪刀沿着直线边缘剪纸，能用勺子吃饭，有时候 3 岁的孩子也会模仿大人用筷子吃饭，但对于他们来说，精准地使用筷子夹菜还有困难，因为使用筷子不仅涉及 5 个手指的简单屈伸动作和腕、肩及肘关节的活动，还关系到孩子手眼的平衡协调，绝非一日之功。如果孩子喜欢，父母可先让孩子用筷子夹一些大块的轻的食物，如爆米花，以增强孩子的信心，再让孩子尝试夹小块的食物，循序渐进，不可强迫。

小贴士　男孩与女孩在动作技能方面存在差异

3 岁的男孩与女孩在动作技能的发展上存在差别。男孩在需要

力量的大肌肉运动上更有优势，他们更擅长跑步、跳远、扔球等；女孩在平衡和精细动作上表现更好，她们比较擅长单足跳、跳绳等运动。这可能是男孩女孩在出生后所获得的社会期待不同造成的，比如父母喜欢带男孩玩球类运动，给女孩准备好画板、布娃娃这样的玩具，他们倾向于把男孩培养成小男子汉，期待把女孩培养成文静的淑女。

喜欢户外活动

对于精力充沛的 3 岁孩子来说，比起家中，他们更喜欢户外广大的天地。他们喜欢户外活动，更需要户外活动，这能让他们释放多余的精力，也能让他们对自己的身体建立更多的自信。父母应尽可能挤出时间陪孩子参加户外活动，给孩子探索事物和发展兴趣的空间。如父母带孩子在户外攀爬、双足跳、拍球、追影子、跳房子，可以锻炼孩子的大肌肉运动，还可增进良好的亲子关系。3 岁的孩子还喜欢和小伙伴一起玩耍，让孩子与小伙伴们一起捡树叶、玩沙子、玩泥巴、滑滑梯、捉迷藏等，不仅能增进孩子的身体素质，还能让孩子在户外活动中学会与其他孩子相处与分享。父母应当支持并鼓励 3 岁孩子运动。

对于 3 岁的孩子来说，小区中宽敞的公共健身场所、周边公园都是不错的户外活动场地，父母可以先评估户外场地的安全指数，如是否有较深的水域（孩子要与之保持安全距离），器械是否安全（父母要在旁边做好保护）。做好安全防范工作之后，你就可以放心大胆地让孩子去玩了，脏点、乱点，都没关系！

回顾与思考

1. 观察你的孩子的用手习惯，他是左利手还是右利手？如果孩子是左利手，你会怎么做？

2. 你的孩子的身高、体重分别是多少？在同龄人当中处于什么位置？

3. 你的孩子有龋齿吗？有哪些方法可以帮助孩子预防龋齿？

4. 你的孩子会做哪些事情？生活中，你会让孩子做哪些力所能及的事情？

3

第 三 章

全面提升的心智能力

1. 感知能力全面提升

3 岁的孩子对事物的感知能力更加精确，他们不仅能了解事物的外在属性，注意到生活上的一些细节，还能区分出事物之间的简单差异。

能区分简单的颜色

3 岁孩子已经能准确区分红、黄、蓝、橙、紫等不同的颜色，并且大部分 3 岁孩子对红、黄、橙等暖色调表现出明显的偏爱，但他们还不能很好地区分深蓝和天蓝等不同明度的颜色。如果你问一个三岁半的女孩她最喜欢的颜色，她会大声地说出“粉色”，而不会是“淡粉”。当然也有 3 岁的孩子喜欢橘色但不能说出“橘色”这两个字，因为他们可能还不能对所有颜色进行命名。到了 4 岁之后，孩子开始注意到色调的明度、饱和度，并且能将基本颜色与名称联系起来。

能辨别三角形、方形和圆形

有研究表明，3—4 岁是儿童认识不同形状最敏感的时期，对几何图形的认知也是孩子数学概念发展的表现之一。

孩子对图形的掌握遵循从易到难的规律，3 岁的孩子基本能识别圆形、三角形、正方形、长方形等简单的几何图形，4 岁的孩子不仅能辨别以上图形，还能辨别半圆，会将两个图形进行拼接，并且在辨别图形的错误率上有所降低。如果你在门口喊“宝贝，帮妈妈把地上长方形的包拿过来”，你的 3 岁孩子可能会慢吞吞地把你的正方形包拿给你，但 4 岁的孩子会相对准确地把你想要的长方形包递给你。大多数 3—4 岁的孩子还不能够辨别椭圆、菱形、圆柱等。

3 岁的孩子对图形的指认程度要好于对图形的命名。如果让你的 3 岁孩子在一堆图形中帮你找出正方形和圆形，他们很容易完成任务，但若你拿出一个长方形问孩子“这是什么形状”，他们可能会用“长条”“方块”等词汇命名而不会准确地说出“长方形”。也就是说 3 岁的孩子会凭经验辨别简单的图形，只是对图形的科学名称不熟悉或不知晓。

能辨别上下、前后，但分不清左右

孩子对于物体所处方向的知觉随着年龄的增长而丰富，遵循上下、前后、左右的发展规律。一般来讲，3 岁的孩子能辨别上下方位，4 岁儿童已能辨别前后方位，但 3—4 岁的孩子辨别左右方位比较困难。当你对这一年龄的孩子说“穿上左边的鞋子”，他们可能会穿右边的鞋子。直到 5 岁，孩子才能以自己为中心辨别左右方位，但仍不清楚左右的相对方位。因而在日常生活中，千万不要因此责怪孩子，更无需焦虑。

只清楚与具体生活事件相联系的时间概念

你可能有这样的经历，早晨送孩子入园时，他可能哭着问“妈妈，你什么时候来接我？”你会这样说，“宝贝乖，妈妈 5 点就来接你”。但是对孩子而言 5 点是什么时候呢？让 3 岁的孩子掌握抽象的时间概念是比较困难的，因为他们还不会看钟表，也不明白钟表上数字、时针的意义。

孩子理解时间的能力与其年龄相关。3 岁的孩子只清楚与具体生活事件相联系的时间概念，他们知道在幼儿园吃完中饭就是睡午觉的时间，下午起床吃完点心后再玩一会儿游戏妈妈会来接自己，但并不真正清楚 5 点的时间内涵。但 3 岁的孩子已经学会了很多时间用语，他们会随口说“现在”和“等一会儿”，知道“马上”和“很久”的区别。4 岁的孩子可以理解昨天、今天、明天，他们会在周一入园的时候告诉老师：“妈妈昨天带我去看小熊猫了，我明天还想去。”当然他们有时候会滥用昨天、今天、明天的概念，如有的 3 岁孩子明明是很久以前去的公园，他会说成“我昨天去的公园”。在一日生活中他们也能够运用早晨、中午、晚上这样的词汇跟你诉说他经历过的事情，但他们对“前天”“大后天”这样的词汇仍然不能理解。你如果跟三岁半的孩子说“阿姨大后天来看你”，他不能理解究竟是什么时候，但知道你很快会来看他。

孩子对于“长大”这个词汇的理解很有意思，他们以为长大是一瞬间的事情，所以孩子会迫不及待地跟你说“等我长大了，就可以用钱买东西了”。你问他“什么时候长大啊”，他会玩着托马斯小火车说“明天啊，就是明天啊”。

父母若想让 3 岁的孩子理解时间，不妨把时间与孩子经历的具体事件相结合，这不仅能让孩子明确知道大体的时间，也会让他们更有安全感。

2. 5分钟左右的热度

3 岁孩子的注意力十分不稳定，以无意注意为主，这是一种不需要预定的目的和意志努力的注意。在成人的协助下，3 岁孩子的有意注意时间约为 3~5 分钟，时间短且不稳定，这也是 3 岁孩子在幼儿园里学习活动只安排 15 分钟的原因之一。如果他们对学习活动的内容不感兴趣，他们很难持续看和听 5 分钟以上，一会儿就东张西望或是摸摸旁边孩子的衣服。

容易被他物吸引

3 岁的孩子容易被色彩鲜明、声音强烈的新鲜物体所吸引，也容易“喜新厌旧”。如孩子正在玩消防车，看到爸爸给他新买的小汽车玩具，立刻会被新买的小汽车吸引。让 3 岁的孩子参与拼图、穿珠子等游戏可培养孩子的专注力。父母在平常的生活中可有意识地让孩子集中注意力，如可以问孩子“妈妈的车钥匙在哪里，你可以帮忙找找看吗”或“你的积木少了没有”。

小贴士　游戏中的坚持力测试

虽然3岁的孩子是5分钟的热度，但当他们在游戏中扮演某个角色时，他们的坚持力和注意力可能比你想象的更长久哦。父母可设置3个情境，观察孩子在以下3个情境中的表现：

情境一：让3岁的孩子单独站立不做任何动作，观察孩子能坚持多久；

情境二：和3岁的孩子玩木头人游戏，观察孩子扮演木头人时能坚持多久；

情境三：让3岁的孩子扮演保卫父母的小士兵，观察孩子能单独站立多久。

喜欢看动态画面

相比较静态事物，3岁的孩子更容易被动态的刺激所吸引，他们尤其爱看动画片等电视节目。动画片集光、影、声于一体，拥有生动的画面、鲜艳的色彩，刚好符合此阶段孩子无意注意为主的特点。你可能会发出疑问：3岁的孩子注意力不能集中，那为何他们看电视的时候特别专心？事实上，电视的画面和焦距是处于动态变化中的，孩子看电视的专注不仅不能说明其注意力集中反而是注意力不集中的表现。

值得注意的是，孩子在看电视时其注视点一直在发生变化，久而久之，经常看电视的孩子注意的范围缩小，让他们看静态的书本时注意力就很难再稳定下来。研究表明，每天看电视超过两个小时的孩子在青春期可能会出现注意力障碍。此外，孩子长时间看电视还可能出现语言障碍、社会交往能力低下、亲子关系冷漠等问题，如孩子看到动画片中蕴含暴力的镜头，很可能出现攻击性行为。

小贴士　长时间看电视（手机）“弊”大于“利”

随着信息化时代的到来，当 3 岁的孩子哭闹或父母忙碌时，电视、手机或 iPad 成为哄孩子并让孩子迅速安静下来的工具，还有的父母自己一回家就对着手机、电脑，为了让孩子听话，他们会默许孩子长时间看电视。殊不知 3 岁的孩子更需要在真实的世界中发展和建构自我，长时间让孩子看电视除了让父母轻松之外，对孩子本身的发展是“弊”大于“利”的。

3 岁的孩子长时间久坐看电视替代他们玩耍和户外活动的时间，除了影响视力外，在一定程度上会影响孩子的身体发育，而电视单向的输出也会弱化孩子的语言表达能力。有研究表明每天看电视超过 4 个小时的孩子，其语言和表达能力要大大低于不看电视的孩子。此外，3 岁孩子长时间看着变化的屏幕，容易出现注意力不集中、行为冲动和焦躁不安等问题。

当然，让孩子完全不看电视是不现实的，但父母务必把握孩子看电视的“度”。一般来讲，3—4 岁的孩子每天看电视最好不要超过 30 分钟，可以选择一些适合孩子年龄特点，益智类、科普类或培养孩子良好习惯的动画片，每集动画片时间不宜过长。父母最好和孩子一起看动画片，和孩子一起讨论动画片中的主角和情节，促进孩子思考。

短时间内会钟情于某一种玩具和颜色

3岁的凡凡最近迷上了托马斯小火车，而其他玩具对他来说似乎没有太大的吸引力，他甚至因为喜欢托马斯小火车而钟情于蓝色。他整天对妈妈说“我们来和托马斯玩吧”。凡凡妈妈觉得有些奇怪：他不是应该对任何玩具都好奇吗？妈妈担心凡凡过于执着地迷恋特定的玩具会影响他兴趣爱好的拓展，甚至会为了让凡凡尝试其他玩具而故意拿走他喜欢的玩具，没想到这样做引起凡凡强烈的反抗。

事实上这种现象实属正常。3 岁的孩子会钟情于特定的玩具，这种钟情具有阶段性与普遍性，也就是说孩子是在特定的时间内迷恋特定的玩具，但过了这个时间，孩子对该玩具的热情会逐步弱化。随着时间的推移，当他再遇到其他的玩具时，就会稍微冷落先前迷恋的玩具，但这并不代表他不再爱之前的玩具了，而是从“情有独钟”到“喜好不定”。

需要提醒父母的是：不要让自己的功利心主导孩子的兴趣。孩子钟情于某一玩具，很多父母担心这样是不是不利于孩子的智力开发。在有的父母看来，孩子每天玩小汽车并不如玩积木、橡皮泥等益智类玩具有意义。父母的这种心情能理解，但每个孩子有游戏的权利，他们对玩具的兴趣爱好与年龄特点有关，没有研究表明孩子一定得喜欢某种玩具。每个孩子兴趣的广度与稳定性不同，父母要尊重和接纳孩子的选择而不是怀疑孩子有什么问题。对于 3 岁的孩子来说，重要的是在游戏过程中享受快乐和满足。

3. 让人惊叹的记忆力

3 岁孩子的记忆力令人惊叹。很多父母发现，自己无意中跟孩子说过的一句话，某一天会突然从孩子的嘴里冒出来。很难消化的古诗文，孩子背诵起来似乎并无太大难度。但是，这个阶段孩子的记忆并不稳定，他们会背的儿歌，听过的古诗、故事、音乐等，也以机械记忆为主，虽然记得快，但忘得也快。

擅长对形象事物的记忆

3 岁的孩子比较擅长对形象事物的记忆，尤其是对生活中事物和事件的记忆。他们更容易记住发生在自己身上的一些重大事件或有意义的事情，如去医院打针、父母吵架、第一次坐飞机去的地方、获得喜爱的玩具等。父母若要帮助 3 岁孩子记住某件事，最好借助其生活场景和具体事物，因为那些具体形象、生动和易引起孩子兴趣的事物更容易给孩子留下深刻的印象。

听过的故事1~2天后才复述

你可能会有这样的体会：孩子刚刚学过的知识并不能马上记得，过一段时间他又能复述出来。事实上，这是孩子记忆的回涨现象。也就是说，3 岁的孩子并不会及时跟父母讲述学到的内容，却可能在两三天后复述曾经学过的内容，这可能与学习材料的复杂程度有关。孩子听完一个故事，对故事中的人物、情节的保持比较零散，他们需要时间巩固、思考和加工。如果故事非常生动有趣，孩子在 1~2 天后的记忆回涨现象将更加明显。这种现象可能是孩子延迟模仿行为的原因之一。三岁半之后的孩子还会对自己零星的记忆片段进行重新联想和加工，如父母带孩子乘飞机去国外，但过段时间你问孩子“你乘飞机去哪里了”，他会高兴地告诉你他乘飞机去了附近他喜欢的朋友家里玩。

容易受成人暗示导致回忆失实

3 岁的孩子对事件的回忆并不一定准确，若成人给孩子误导和错误信息的暗示，孩子对事件的回忆会失真。在现实生活中有这样的事例，3 岁的孩子从幼儿园回来后，被家人发现胳膊红肿，妈妈用焦虑的声音问自己的孩子“是不是老师掐的”，孩子怔了怔便点点头。之后的事情可想而知，父母与老师闹得不可开交。父母指控老师虐待儿童，而通过监控发现并不存在这样的事实。

事实上，学前孩子很容易相信成人给出的暗示与误导信息。有研究发现相当多的孩子说有人摸过他们的私密部位，但这些事情并没有真实发生过。当然并非每个孩子都会如此，有些语言与自控能力较强的孩子会对成人的误导性暗示进行抵触。但不论怎样，3 岁的孩子还不能准确地回忆发生过的事情，因此当孩子遇到问题时，应尽量采用中立的语气询问孩子，不要进行误导性和暗示性的询问，那样会导致孩子回忆失实。

4. 天马行空的想象世界

3 岁孩子生活在一个充满幻想、天马行空的世界。他们想象的内容不局限于具体的事物，并且随时发生改变。但是，在看似杂乱的想象中你也可以找到一些合理的情节，比如：他会把小板凳当小汽车开，口中发出“嘟嘟嘟”的声音，你若走过去，他还会将你想象成路上的行人加以避让。这是 3 岁孩子最喜欢的想象世界，自由、无拘无束。

没有固定的想象主题

3 岁孩子的想象力发展迅速，他们想象的主题大多是在外界事物的刺激下产生的，如孩子可能画出一个不完整不规则的圆，然后说“这是皮球”，一会又说“这是妈妈的脸”，当你问“这是鸡蛋吗”，他也会点点头。3 岁孩子想象的主题极不稳定，想象内容零散。他们在玩角色游戏时，前一秒还把自己想象成喜羊羊，下一秒他又变成了超级飞侠。不用诧异，这就是 3 岁的孩子！

满足于想象的过程

如果你对 3 岁的孩子说："我们来画红色的花吧。"你可能会眼睁睁地看着孩子将整张纸都涂满了杂乱无章的形状和线条。这样的画面在成人看来并不美观并且没有太大的意义，但孩子会对自己的画作甚为满意。如果你问他每种形状的含义，孩子会乐于给你天马行空般的解释：这是花儿，这是房子、大树、太阳、爸爸、妈妈、小兔子等。而且，同样一个圆圈，他可能一会儿说这是太阳，一会儿又说这是花儿。对于这个阶段的孩子而言，他们喜欢的就是想象的过程，而不是想象的结果。

会混淆假象与现实

在惊讶于 3 岁孩子的天马行空时，你可能更加诧异地发现自己的孩子居然会"说谎"。比如他会对幼儿园的小伙伴说"妈妈昨天给我买了一个机器人"，事实上作为父母的你并没有这样做。其实这并不足为奇，更不能说明你的孩子品质有问题，切忌给孩子贴标签。3 岁孩子的想象受到情绪和强烈愿望的影响，会用想象的事物来代替自己感知到的事物，尤其是当孩子太想获得一样玩具而不能马上拥有时，这种念想和低落的情绪使得他们把想象的事情说出来，好像真实发生过一样。

虽然这些"谎言"会给父母带来一些不必要的麻烦，但是千万不要跟孩子"较真"。多带孩子体验生活，多和孩子聊天，从孩子的"谎言"中理解他真实的想法才是最重要的。

5. 闲不住的小嘴巴

3 岁后，孩子的词汇更丰富，他们学会了很多形容词，喜欢用一些夸张的词汇比如“超级”“最”等。他们已经可以和大人进行完整的对话，也喜欢自言自语，他们的小嘴巴像是上了发条，说个不停。

能较清晰完整地表达自己的想法

3 岁是孩子语言表达发展的重要时期，他们基本能完整地说出自己的姓名、年龄、粗略的住址，还能背诵一些儿歌、诗歌、经常听到的广告词句等。当然孩子的语言表达能力存在个体差异。有研究表明：早期的亲子阅读与 3 岁幼儿语言能力显著正相关，尤其是家庭中亲子阅读的阅读频率、阅读数量、阅读使用语言对 3 岁孩子语言能力的影响最为显著。

父母可为孩子创造丰富的语言环境，鼓励孩子与他人交往，给孩子表达的机会。可带孩子去公园、动物园等合适的场所，丰富孩子的语言经验，还可营造良好交流沟通的渠道与氛围，如读绘本、讲睡前故事、和孩子说说幼儿园发生的事情等。

能按照一定的方式理解成人的语言

3 岁的孩子对语言的理解能力要早于对语言的运用能力。有时候父母可能认为孩子听不懂自己的话，但孩子却会以自己独特的方式来表达自己对成人世界的观察和理解。他们在成长的过程中逐渐掌握支配语言的语法和规则体系。3 岁的孩子能理解和执行父母在生活中常要求的指令，如当你说“把鞋子放进柜子里”“快点把饭吃完”，他们完全能按照相应要求做出反应。4 岁的孩子已经能理解更复杂的话语，他们不仅能听懂父母“先好好吃饭再去看电视，然后上床睡觉”这些一连串的步骤指令，也能自己提出一些复杂的要求，如“我想吃完饭出去玩，去动物园”等。

这个年龄阶段的孩子对部分比较复杂的句型还难以理解。如当成人说“我不知道你没有糖果”这样的双重否定句，孩子并不能理解其真实的意思。同样他们在理解被动句上也存在困难，他们会按照词语出现的顺序做出自己的解释，如他们听到“冰冰被小强打了”这样的被动句时，他们会理解成“冰冰打了小强”。但当孩子的这种解释和他们看到的实际情况相矛盾时，他们也会按照看见的实际情况做出正确的理解。

小贴士　如何回答孩子千奇百怪的“为什么”？

3 岁的孩子总是喜欢追着父母问“这是什么”“那是什么”，他们对未知的世界充满好奇，并渴求接收更多有意思的信息。很多父母知晓孩子提问的价值，也明白及时回应孩子问题的重要性，但他

们却不知道如何回应孩子的问题。大部分父母通常会直接告知孩子所有问题的答案，这种做法虽然及时回应了孩子的困惑，但在一定程度上忽视了孩子主动思考与探索的过程。

因此，父母要及时判断出哪些问题具有潜在的教育价值，如当孩子指着一样东西问“这是什么”，父母可向孩子直接做出解释，但若孩子问“为什么要刷牙”“为什么蛋宝宝捏不碎”“为什么爸爸要打我”等这类关于生活习惯、科学知识、亲子关系的问题，父母可以不急于回答，而是与孩子一起讨论、探索问题的答案，鼓励孩子说出自己的看法。如针对“为什么要刷牙、洗手”这样的问题，可以让孩子自己说说不刷牙、不洗手可能导致的结果；对于“为什么蛋宝宝捏不碎”的问题，父母可准备鸡蛋、鸭蛋等和孩子一起获得操作体验。父母还可借助绘本这个媒介来解答孩子的困惑，如当孩子问“死是什么”时，你可能不知道该如何回答，这时你可以借助一些绘本如《獾的礼物》《象背》《狐狸的窗户》《外公》等，和孩子一起探索关于生命的奥秘。

游戏时沉浸在自己的世界自言自语

细心的父母可能会关注到这样的现象：孩子独自游戏时经常伴随着自言自语的现象。比如孩子会假装拿起一个方形的积木放到耳边打电话，他们会编造场景，仿佛真有个人在跟他通电话，有时候这样的游戏他们能玩上 10 分钟。你还会惊讶地发现自己的孩子在假想游戏中能同时扮演多个角色，如孩子左手可能会拿起一个拼好的方形积塑说“这是超级怪兽”，右手拿着另一个圆形积塑回应道“超级怪兽来了，好可怕，快跑”。对于孩子玩游戏时的自言自语，有的父母很担心，他们怀疑自己的孩子有问题，需要看医生，甚至有的父母会嫌孩子游戏时自言自语太吵闹，其实这些大可不必。

孩子在游戏时自言自语的行为是孩子自我中心语言的表现。孩子的自我中心语言是具有交际功能的社会化语言，是孩子解决任务和计划下一步行动的思维工具，它在孩子游戏中起着定向和调节作用。孩子的自言自语作为一种语言符号调控着孩子的行为，把孩子的最终目的和自身的行为联结起来。如当孩子拿起一个积木说“我要用圆形的，哈哈”，接着又说“红的好看，多用些红色的，搭房子”，此时孩子的自言自语引导着孩子的行为动作并导向其最终的目的。这个过程反映了孩子思维的发展，说明你的孩子正在调动已有的经验，思考下一步的计划。此外，孩子的自我中心语言作为其游戏的伴随物，还可表达游戏的进度和满足自己的情感需求，如当他们在建构游戏结束时大声说“搭好了”，其潜在含义是“游戏结束了”；当他们像一个演员分饰多个角色并念念有词时，其实是他们正在发挥自己天马行空的想象，表达自己的情感需求。

回顾与思考

1. 你的孩子认识哪些颜色和图形？

2. 你的孩子能辨别上下、前后、左右吗？

3. 3—4 岁这个年龄段的孩子对时间概念的理解有什么特点？

4. 你的孩子每天看电视（手机）的时间有多长？孩子长时间看电视（手机）有哪些危害？

5. 如何看待 3—4 岁这个年龄段孩子的“说谎”行为？

第四章

4

日渐丰富
而捉摸不定的情绪

1. 冲动、外露、易变的情感

3 岁的孩子基本能识别喜怒哀惧这四种基本情绪，他们知道高兴的时候可以用“快乐、开心”来表达自己的积极情绪，也会用“伤心、难过、生气”来表达不愉快的消极情绪。

情绪表达风格存在差异

孩子在情绪表达方面存在差异，有的孩子特别愿意在他人面前表现自己，一旦获得夸奖就喜形于色；有的孩子似乎并没有特别强烈的情绪表达欲望，甚至高兴的时候也只是羞涩地笑一笑。还有的父母会发现自己的孩子在家跟在幼儿园的情绪表达简直两个样，老师夸奖自己的孩子有想法又懂事，但父母却说孩子在家一言不合就满地打滚发脾气。

事实上，不论是成人还是 3 岁的孩子都有自己独特的情感反应模式和风格，这和孩子自身的气质类型以及家庭教养风格有关。有研究表明母亲的气质类型和教养方式对孩子的性格情绪会产生影响。在亲子沟通中，善于表达、不易紧张与沮丧的母亲会对孩子表达更多的积极情感，为孩子营造积极的情感氛围，而情绪长期沮丧，有社会退缩性的母亲更容易对孩子表达出消极情感，不利于孩子情绪能力的发展。而教养方式中，权威型和民主型教养方式下的孩子其情绪能力发展较好，溺爱型教养方式下孩子的情绪能力发展较低。

小贴士　3 岁孩子的情绪教育

首先，要接纳并支持 3 岁孩子的情绪表达。孩子的情绪本身是真实的、正当的存在，并没有对错之分。当孩子对你表达喜怒哀惧时，你需要及时地认可并回应他，你还可以经常与孩子谈论他们的情绪，如你可以说“宝贝，你看起来似乎有点伤心”，这样不仅能让孩子及时意识到自己的情绪，还能帮助他们习得表达情绪的词汇。

此外，你还可适时地引导孩子用可接受的方式向别人表达自己的情绪，成为孩子情绪表达的榜样，如对孩子说“宝贝，我觉得今天去游乐场很开心，你高兴吗”。当然 3 岁的孩子有时候并不能意识到别人的情绪，你也可以有意识地帮助孩子发现线索，如“橙橙正在哭，他的手破了，他很伤心”，这些细节都将有利于 3 岁孩子情绪表达能力的发展。

害怕与你分离，害怕黑夜和魔鬼

很多 3 岁孩子的父母经常抱怨“我家的孩子太胆小，他总是黏着我”，事实上这是孩子的恐惧心理所导致的。它是孩子成长过程中正常的负面情绪之一，不同年龄的孩子其恐惧的来源也不一样。有的来自孩子的本能，如刺耳的声响会让孩子产生反射性恐惧，而大部分孩子的恐惧来源于其所处的环境和曾有过的经验，如孩子听见成人说“床下面有大灰狼，大灰狼会把小孩吃掉”，此时孩子不仅会对大灰狼产生恐惧，可能对睡觉这件事也会感到害怕。此外，当孩子的内在秩序感受到挑战时，他们也会产生一些成人看不懂的恐惧。整体而言，3 岁的孩子害怕和父母分离，他们害怕黑暗、小丑、面具、奇怪的声音、动物和噩梦，并可能会伴有惊恐、尖叫、逃避退缩等行为。

父母希望自己的孩子变得胆大一点，必须了解孩子恐惧的原因。3 岁孩子的世界里充满了未知的事物，受认知与语言的限制，他们缺乏相应的知识、生活常识以及正确分析事物的能力，同时由于孩子的想象力丰富，他们会把生活中遇到的事情和经验进行夸张的想象，甚至有时候他们会把幻想当作现实。如孩子可能会从噩梦中哭醒，因为他们有时候无法把噩梦与现实区分开。此外，父母对孩子的过度保护、过度反应会使孩子产生恐惧感。有的父母出于安全考虑，对孩子事无巨细的呵护，使孩子缺乏接触新事物的机会。他们将孩子主动探索、接触到的事物看作是危险的、有威胁的，这很容易让孩子对环境产生恐惧心理。如有的母亲在停电时大惊小怪，那么孩子看到成人这样激烈的反应也会对黑夜感到害怕。当然，父母或其他成人不经意间对孩子的言语渲染与威胁是孩子产生恐惧经验的重要原因，如有的父母会严肃地对孩子说“你不乖，我就把你送走”“你再这样，我就让魔鬼把你吃掉”。殊不知这样的言语深深地

威胁到孩子的安全感，很容易导致孩子情绪失控。

小贴士　帮助孩子缓解恐惧情绪

当孩子感到恐惧时，一个温暖的拥抱就可以给孩子带去安抚。你还可以给孩子做情绪的榜样示范，因为如果父母表现出对某事物的积极的正面情绪体验，那么孩子对陌生事物的恐惧感就会减少很多。此外，最重要的是父母不要动不动就用“大灰狼”“怪兽”吓唬孩子，这极容易触发孩子的想象，引发恐惧的情绪。若孩子对某事物的恐惧心理已经产生，那么你可以带孩子去探寻真相，可以借助绘本、动画等媒介改变孩子对事物的看法，必要的时候也可给孩子一个适当的安慰物品，如告诉孩子“这只小熊是来保护你的”。

2. 理解情绪的能力加强

3—4 岁的孩子对情绪的理解能力得到迅速的发展，他们不仅能用语言清晰地表达各种情绪，还逐渐理解别人在不同情境下可能出现的各种情绪。3 岁的孩子已经能够判断出积极的事件可能给人们带来快乐的情绪，4 岁的孩子已经能够体会到绘本里故事主人翁的伤心情绪，意识到引发情绪的原因，如好朋友哭是因为没有得到喜欢的玩具，但 3—4 岁的孩子还不是特别能理解个体过去的经验对现在情绪的影响。

能理解爸爸妈妈上班的辛苦

很多父母在养育孩子的过程中会说“孩子什么时候才能体谅我们的辛苦呢”，其实 3 岁孩子已经能够理解爸爸妈妈上班的辛苦了。父母可能会觉得非常诧异，在他们眼里，这个“小不点”只会表达自己的喜怒哀惧，哪会理解别人的情感，这简直是天方夜谭。实际上，很多父母小瞧了孩子的移情能力，三岁半的孩子看到自己的妈妈哭泣，他们虽然并未深入了解妈妈哭泣的缘由，但孩子会明显地感到不安和难过。

从3岁左右开始，孩子开始意识到别人有不同的情感、需要。孩子知道他人与自己的情绪是不同的，对他人情感的理解能力更强，他们能通过成人的各种“表情”来辨别和理解各种情绪，并能通过一定的方式来取悦他人，获得满足。通过经验积累和良好教育，孩子能理解爸爸妈妈很辛苦，并做出给大人倒水、帮大人做事等举动。

虽然3岁的孩子能够体谅父母上班的辛苦，但这种情感体会仍然是表面性的和以自我为中心的，如问孩子“你觉得爸爸妈妈上班辛苦吗”，孩子会说“辛苦”，如果继续问“那为什么辛苦呢”，孩子会说“因为爸爸妈妈要赚钱给我买吃的”。

开始学会安慰别人

在很多父母看来，3岁的孩子还那么小，他们更需要成人的帮助与保护，安慰别人似乎不太可能。其实不然。有研究表明，2岁多的孩子就会对受伤者表示同情，并表现出试图去安抚受伤者的意向。随着年龄的增长，3岁多的孩子已经会通过轻拍、拥抱、给对方玩具、言语等形式安慰受伤的对象，有时候孩子发现一种办法无效时，还会换其他的方法。如看到别的孩子哭时，他们可能拍拍小伙伴的背并大声说“你不要哭了”，如果小伙伴仍大哭不止，他们可能还会把手中的饼干递给正在哭的小伙伴。

孩子安慰行为的发生与孩子本身的情绪理解能力相关。随着孩子生活范围的扩大，他们在与父母、同伴的交往中，逐渐具备识别、理解他人情绪的能力，他们能够猜测别人的需要和感受，具有初步的移情能力，如孩子看到同伴哭会说“你看，他哭了，他想妈妈”。当孩子能够理解别人的消极情绪时，他们才可能出现安慰别人的亲社会行为。此外，父母的榜样是孩子出现安慰行为的间接来源，当孩子摔倒时，妈妈可能跑过去拥抱孩子并轻拍孩子的背说“哦，宝贝不哭”。母亲对孩子的言语和动作安慰不仅让孩子感到安全和温暖，还为孩子提供了榜样作用，当孩子遇到相似的情境时会激发出类似的安慰行为。因而父母要对孩子的安慰行为保持敏感，并肯定孩子的安慰行为，从而促进孩子亲社会行为的发展。

3. 细腻的情感开始萌芽

随着孩子自我意识和社会行为的发展，他们开始关注他人对自己的评价，会因为做错事情而感到内疚，嫉妒感、自豪感等高级情感开始出现。

内疚感：做错事情会感到内疚

细心的父母发现，当你的 3 岁孩子把家里的杯子或花盆打碎时，平常那个调皮捣蛋的 3 岁孩子居然默不作声并显得不知所措；当孩子抢了别的孩子的玩具导致对方哭泣时，他会表现出一点点焦虑和坐立不安。此时便是 3 岁孩子的内疚心理在起作用，他们会因为自己的违规或伤害他人的行为感到不好意思。

内疚虽是一种负面的情感体验，但适度的内疚在孩子的社会交往和自我完善方面会产生积极作用。孩子伤害他人感到内疚时，可能会促使他们改变自己的行为来缓和与被伤害对象的关系，并伴随弥补行为的出现，有助于其道德感的发展，下次再出现类似情景时，孩子会努力尝试控制自己的行为，避免错误行为的发生。

当然孩子的内疚感的产生及程度也存在个体差异。有研究表明，当 3 岁的孩子伤害别人时，女孩会比男孩表现出更多的情绪波动和紧张，但当孩子违反规则时，男孩与女孩的内疚感程度没有明显的差异。当然，孩子体验到内疚感的程度还与孩子本身的气质以及父母的教养方式息息相关。一般来讲，有害羞气质或高度紧张特质的孩子在做错事后会有更多的内疚感。

小贴士　不要用内疚感控制孩子的行为

父母要引导孩子正视自己的内疚感，不要用内疚感控制孩子的行为。虽然 3 岁孩子能理解他人的情绪，但还不能准确地把握他人负面情绪的诱因。当一个情绪不佳的妈妈与 3 岁的孩子相处时，孩子可能会感到不安，他会以为是自己的行为惹得妈妈伤心，从而产生本不该属于他的内疚感，此时孩子可能会很听话乖巧，甚至会做一些取悦父母的事情。很多父母看到这个效果，甚至会有意无意地让孩子产生一些内疚感，以换得孩子的安静听话，这样做实际上是用内疚感操控孩子的行为，这种内疚感可能会给孩子带来负面影响与心理负担。因而父母要正确引导孩子体验内疚感，当孩子做错事时，既不能放任自流，也不可过度苛责，更不能以孩子的内疚感作为控制孩子行为的手段。父母可通过每次实际发生的事件，引导孩子关注自己犯错后带给别人的伤害，父母也可表现出对受伤害方的关心，做好榜样作用，让孩子尝试着体会被伤害方的心情，获得适当的内疚体验。

嫉妒感：有时候他想占有妈妈全部的爱

有些父母发现自己3岁多的孩子变得爱吃醋，当父母拿着玩具给别的小朋友玩时，他会说“妈妈不能对别人好，只能对我好”，甚至有的3岁孩子会跟自己的爸爸抢占“爱的归宿”，他在晚上早早地钻进妈妈的怀抱，不允许爸爸靠近他和妈妈的床。孩子无理取闹又可怜的模样让父母又爱又烦恼。这其实是孩子的嫉妒情绪在作祟。

嫉妒是一种常见的复杂的自我意识情绪。1岁左右的孩子就有嫉妒感的萌芽，当1岁的宝贝看到自己的妈妈抱着别的婴儿时，他们会表现出抗议和接近母亲的行为。3岁之前的孩子会表现出未分化的无区分的嫉妒行为，即无论妈妈关注到什么年龄的孩子甚至是成人都会引发他强烈的嫉妒反应。3岁尤其是三岁半后，随着语言和行为的发展，孩子从无区分的嫉妒向有区分的嫉妒发展，此时孩子的嫉妒情绪变得更加丰富多彩：妈妈关注并夸奖比自己还小的幼童时，孩子的嫉妒反应会变得温和；当妈妈拥抱与自己年龄差不多的幼儿时，孩子会表现出较强烈的嫉妒反应。

小贴士　家有二宝，如何降低3岁大宝的嫉妒感？

随着二孩政策的放开，一些父母会在自己的第一个孩子上幼儿园时生育二胎。但在二宝出生后，父母发现原本性格开朗的3岁大宝经常和二宝闹矛盾，甚至会打自己的小弟弟或小妹妹，父母开始焦虑不安，他们也不清楚如何分配对两个孩子的爱，更不知道该如何消除大宝的忧虑和嫉妒心理。

其实3岁左右的孩子开始变得敏感而霸道，不少晋升哥哥姐姐的3—4岁孩子，对于弟弟妹妹可谓“情感复杂”。这些“小不点”目前最关心的问题是：“我和弟弟（妹妹），爸爸妈妈更爱谁？”他们一方面非常喜欢二宝，总是想摸摸、抱抱二宝，但同时，又因为弟弟妹妹抢占了父母的爱而感到失落、嫉妒。

父母需意识到，嫉妒是孩子常见的情绪，在童年早期，孩子会因为兄弟姐妹得到父母更多的关注而产生嫉妒。父母要养好两个宝宝不只是消除老大的焦虑和保持公平、平等那么简单，里面还有更多的教养艺术和技巧。

父母在二宝孕期时就要呵护大宝的心理。父母应尽量平静地告诉孩子二宝到来的消息，而不要显得过于隆重。如果孩子不能接受，那么父母要以孩子能接受的方式告诉大宝，“弟弟妹妹的到来会让世界上多一个爱你的人，爸爸妈妈也会像过去一样爱你”，这样可减少大宝的危机感。

二宝出生后不可冷落大宝，适当地表达爱很重要。二宝出生后，父母的精力不可避免地会有所分散，此时父母切不可冷落大宝，而应该重视对大宝的照顾，让大宝获得安全感与信任感。

父母可让大宝参与对二宝的照顾。父母可在二宝出生时送给大宝礼物，庆祝大宝当上哥哥或姐姐。在日常照顾二宝的过程中，可让大宝做一些力所能及的事情，强化大宝的自我价值感。父母还要及时鼓励大宝并通过自己的口传达二宝对大宝的情感。

父母不要拿两个孩子作比较，不能一味地强调“大让小”。父母应尽量避免这样的言语“你怎么不像妹妹这样乖巧呢？”“妹妹小，你应该让着她”。这样的言语只会让大宝感到自己的爱和权利被分割，反而会激化孩子的嫉妒心与委屈感。最后，父母应努力尝试帮助大宝调节伤害性情感。在两个孩子的日常教养过程中，父母很难做到十全十美，完全公平，当大宝因为二宝产生负面情绪时，父母需及时关注大宝的情绪状态并与之沟通，帮助孩子调节嫉妒、不满的情绪。

自豪和羞耻：喜欢争第一名

孩子上幼儿园之后会在很多方面表现出进步，他们开始出现竞争意识并喜欢玩一些规则游戏。当你跟孩子说“把玩具收起来”，还不如说“我们来比赛收玩具吧，看谁收得快”。他会充满斗志地收拾玩具，如果孩子先收拾完，他会兴奋地说“我赢了，我是第一”。而若孩子发现自己落后时，他会十分伤心地说“不行不行，我们再来一遍”，直到他获得第一名为止。在生活中，孩子处处都渴望第一，而拿不到第一时，他们可能会哭闹、不满、沮丧，很多父母很困惑，他们不明白为什么 3 岁的孩子这么喜欢争第一。

孩子争第一与他们的自我意识情绪有关，3 岁孩子的自我意识不断发展，他们开始关注、谈论、思考自己与他人之间的联系，他们也开始在意别人对自己的评价并渴望获得“乖宝宝”“很棒的宝宝”这样的嘉许。当 3 岁的孩子对自身的行为结果感到满意时，他们就会表现出自豪感，当他们察觉到别人议论自己的不足与缺点时会表现出羞耻感。

4. 不知所措的情绪释放

父母会发现自己三岁半的孩子不再像之前那么乖巧，突然变得固执而又倔强，他们往往会因为自己的种种要求没有得到满足而哭闹、发脾气，这令众多父母头疼不已。很多父母一看到孩子哭闹就紧张，赶紧上前哄孩子，满足孩子的所有需求，瞬间成为孩子哭闹情绪的俘虏。其实，这个阶段孩子发脾气是一种心理紧张的表现，更是释放紧张情绪和寻求援助的表达方式。面对情绪失控的孩子，父母首先要做的是尽量控制好自己的情绪，并尽力和孩子建立一种基于关心、理解和接纳的关系。

不顺心的时候经常哭闹、发脾气

3 岁孩子的自我意识大爆发，他们想要按照自己的意愿行事，主宰自己世界的欲望越来越强烈，但孩子却又必须生活在“成人世界”的掌控下。当自己强烈的“独立愿望”不能得到满足时，孩子便会通过哭闹的形式向成人世界“宣战”。在很多孩子的眼里，哭闹是一种让自己愿望得到满足的有效方式。认识到这一点，父母便能站在孩子的角度理解他们的哭闹情绪，对孩子的哭闹抱有更多的包容心，而不会用强力和权威粗暴干预、制止孩子的哭闹行为。

小贴士　应对孩子不同原因的哭闹

首先，你要分析孩子经常哭闹的原因：可能是由于孩子本身的气质属于困难型，情绪偏负面，也可能是孩子用“哭”作为达成自己目的的惯用伎俩，又或者是孩子表达能力有限只能通过哭来倾诉，更可能是大人们对孩子太严厉，忽略了孩子的需求等。

然后，根据这些原因采取相应的策略：

针对不同气质类型的孩子，一般来讲，困难型气质的孩子爱哭闹，爱发脾气，他们经常烦躁且较难安抚，这种孩子的哭闹行为可能并不是短期就可以得到改善的，需要有极大的耐心去包容和接纳；

有的孩子把哭闹作为达成目的的手段，你要做的便是淡定地接纳孩子的一切表现，可采取暂时的消极冷却法；

如果是父母对孩子太过严厉，忽略孩子的需要而导致的哭闹行为，那么父母可能需要反思自己对孩子的态度，与其大声责备孩子，不如跟孩子这样说“我理解你的伤心，我们可以好好商量，并且妈妈仍然爱你”，要明白即使孩子哭闹时态度粗暴，但他还是希望父母能用温和和鼓励的态度对他。

会出现理直气壮的顶嘴

细心的父母会发觉自己的孩子从顺从听话慢慢变得有自己的主

见，令很多父母困扰的是他们发现自己的孩子居然学会顶嘴了，每当让孩子做什么事情时，他们顺口就说出“不要”或一些其他不可思议的话语。如给孩子洗脚时，孩子说“水烫”，妈妈说“水不烫”，这时孩子突然大声顶嘴道“你就是不相信我”。类似这样的顶嘴情景在 3 岁多孩子的身上经常发生，这让众多父母都感到困惑和棘手，甚至认为孩子正在挑战自己的权威。

其实这个阶段的孩子顶嘴是很正常的。因为孩子逐渐知道自己喜欢的和不喜欢的事物，想做的和不想做的事情，开始有了自己的意愿和主见，但他们还不懂得用恰如其分的方式表达自己的想法。因而当父母的要求与孩子的需求冲突时，顶嘴便成为他们表示不满、表达自己主见和发泄情绪的一种条件反射行为。换言之，顶嘴是孩子逐渐学会的一项“本领”，这在一定程度上暗示着孩子心理的成长。但若孩子顶嘴成为习惯并受到父母的纵容，他们就会认为顶嘴是表达心情的有效方式，也会在家里频繁地使用这个武器，甚至把顶嘴带到幼儿园。

小贴士　如何应对孩子的顶嘴

大部分顶嘴成习惯的孩子无法受到父母的理解和认同，甚至受到家长权威的压抑，他们只能通过顶嘴表达自己的不满。要想改变孩子顶嘴的习惯，需营造家庭的民主气氛，信任孩子的能力，鼓励孩子随时表达自己的感受。

积极倾听孩子的想法并理解孩子的立场与心情。父母粗暴地跟孩子说“不许顶嘴”，还不如跟孩子这样说“我理解你的感受，但你可以换一种语气跟我说”或“我知道你现在很生气，等你冷静下来我们再好好说话”。此外，在与孩子沟通的过程中，父母自身的情绪很重要，有些父母会把自己的不满、负面情绪迁怒给孩子，使得孩子情绪激动而顶嘴，因而父母自身也要学会控制情绪，尤其是成人之间经常拌嘴，孩子也会效仿。孩子顶嘴了，也可根据孩子顶嘴背后的原因具体分析，还可以用孩子喜欢的人物形象或绘本中的故事做适当的引导。

回顾与思考

1. 你的孩子在快乐或悲伤时的表现有哪些？

2. 你的孩子对哪些事物感到害怕？

3. 当你的孩子愤怒或恐惧时，你是怎么做的？

4. 你能分辨孩子的细腻情绪表达（如内疚、嫉妒、自豪等）吗？

5. 你的孩子有情绪失控的时候吗？你是怎么应对的？

5 第五章

不断扩大的交往圈

1. 喜欢与小朋友玩耍

随着年龄的增长和活动空间的扩大，你会发现自己 3 岁的孩子不仅需要成人的陪伴，更喜欢和小朋友一起玩耍。他们有了初步的合作和规则意识，交流的互动性也逐渐增强。

开始絮叨自己的好朋友

3 岁孩子开始对自己以外的小伙伴感兴趣了，他们积极地与他人建立关系。你会发现，孩子从幼儿园回来的路上和你絮叨他在幼儿园里喜欢的小朋友，他会说“贝贝今天过生日，我们吃了蛋糕”“恬诺最喜欢我的玩具”等。这个时期的孩子非常在意谁跟自己玩，谁是自己的好朋友，并因此产生了很多快乐和烦恼。

对这个阶段的孩子来说，同伴关系变得越来越重要并逐渐成为他们生活的重要组成部分。这里的同伴与朋友是有区别的，他通常指的是与孩子年龄相仿的另一个儿童，他们共同活跃于幼儿园、社区或其他的活动中，常常一起游戏、交谈、沟通。3 岁的孩子在选择同伴的性别方面没有明显的倾向性。他们享受与小朋友一起玩耍的时光，虽然这种玩耍有时比较短暂，彼此之间也没有强烈的社会责任感，甚至有时候这种交往可能是单向的，但和小朋友交往时，3岁的孩子逐渐学会表明自己的观点，学会合作、妥协、协商来解决遇到的问题并获得一些简单的社交技能。

3 岁孩子交往过程中也会发展出一些关系亲密的好朋友，这些可以看作是孩子的友谊萌芽。在大人的协助下，孩子们可能相互表达喜爱并经常会表现出互惠行为，如分享玩具、零食等，这和普通的同伴关系是有差异的。只不过 3 岁孩子对友谊的看法还远远不成熟，他们认为“好朋友就是喜欢我的人，是可以一起玩耍的人”。他们的友谊大多不持久，也不太能经受住考验，在与小伙伴发生矛盾时会说“我不喜欢你了”“我不跟你玩了”。但是孩子的矛盾来得快，去得也快。

同伴间的交往对孩子的社交能力发展意义重大，即使是孩子之间的吵闹，也有其价值，能帮助孩子获得解决冲突的技巧。因此，父母应多创造机会带孩子走出家门，多交朋友。

喜欢与比自己大的孩子玩

3 岁多的孩子与同龄人一起玩耍时会出现更多平等的交谈、互动性游戏，当然也可能伴随更多的攻击性行为。当他们与比自己小的孩子玩耍时，孩子会表现出“指挥者”和“协助者”的角色，此时他们会表现出更多的分享、关心、帮助等亲社会行为，并将自己的知识、技能传授给年龄比他们小的孩子。当 3 岁的孩子与比自己大的孩童玩耍时，他们可能会扮演“随从”的角色，不会轻易指挥而是见机行事。

很多 3 岁的孩子更乐于和比自己大的孩子玩耍。有些父母担心自己的孩子总跟大孩子玩会不会受欺负，其实父母不必担心，对 3 岁的孩子而言，这兴许也是不错的学习机会呢。在与大孩子玩耍时，3 岁的孩子会表现出更多的主动性并参与较为复杂的游戏。当被大孩子认同时，3 岁的孩子能体会这种被认同的积极情感；当被大孩子拒绝时，他们需要承担这种拒绝带来的不快乐体验。当然在与大孩子玩的过程中，3 岁的孩子也可能在“大哥哥”“大姐姐”的感染下逐步克服自己的胆怯。当需要得到帮助和保护时，他们也愿意去找大一些的孩子。

游戏中有初步的合作与规则意识

与 2 岁时相比，3 岁孩子与同伴玩耍的时间更加持久，他们不再仅仅强调“我”，而是开始说“我们”，如“我们一起来玩吧”。在游戏中他们开始与同伴交流意图并展现初步的合作行为，通过观察同伴的行为与动作获得相应的暗示。如 3 岁的孩子和小伙伴玩滑滑梯，当看到别的孩子侧身滑下来时，他们也会跃跃欲试。

此时孩子仍处于合作意识的启蒙期，他们在游戏中的合作主动性仍然不强，还不擅长分配游戏角色和商量游戏规则，很容易被其他的东西吸引而放弃自己正在参与的游戏。此外，虽然3岁的孩子在与多个孩子玩耍时交流互动性增强，但由于他们以自我为中心的特点以及缺少完善的社交技能，很容易因为与别人抢占稀少的玩具资源而出现矛盾，从而哭闹并求助大人。当然3岁孩子间的不愉快很快就会烟消云散。

对3岁的孩子而言，规则不是强制性的，他们在平常的玩耍中会无意识地接受这些规则的“外在形式”。如他们理解的捉迷藏的规则是“一个人藏起来，一个人找”，因为孩子们觉得“藏”和“找”比较有趣，从而接受这个外在规则，但其实并不会遵守“如何藏”“如何找”的规则。相反，孩子们会建立自己的内在游戏规则，如他们告诉你“你躲在这里，我来找你”，如果成人躲到其他地方，他们反而会觉得没有意思。此时规则对于3岁的孩子而言并不构成责任意识，也没有相应的约束力。

小贴士　要不要给3岁的孩子立规矩？

很多父母纠结于要不要给3岁的孩子立规矩，他们一方面害怕规则会限制孩子的自由发展，另一方面又害怕没有规则的孩子难以适应环境。实际上父母不用担心，规则和自由是相对的，世界上没有绝对的自由，也没有绝对的规则。对于3岁的孩子而言，帮他们逐步建立起大家共同遵守的外在世界的规则能让孩子适应不断扩大的“朋友圈”和环境，这也能给他们带来安全感。如孩子知道“小朋友不能打人”“不能随意哭闹”“不可以随便跟陌生人走”，这些规则让孩子感受到周围的环境是可预期、可控制的，也能让孩子更好

地适应不断变化的环境与社会规范。

实际上，大部分父母已经行走在给孩子立规矩的道路上了。当孩子在公众场合哭闹时，父母会及时制止并说“宝宝，你不能哭，会吵到别人”；又或者当3岁的孩子把玩具扔在房间的各个角落时，父母会说“宝贝，请你把玩具放到篮子里去”。父母会在生活中有意无意地提及各种规则，只是当你大声地对3岁的孩子说“把玩具收起来”，孩子可能熟视无睹又或者大声说“不”。当下次再出现这样的情境时，孩子可能根本就忘了你曾经说过的规则，这令父母感到抓狂，因为3岁的孩子并不会轻易遵守规则。

3岁的孩子正处于想要独立、证明自己能力的叛逆时期，对于父母诸多限制其行为的规则，他们感到无所适从。由于以自我为中心的特点，3岁的孩子尚不能接受太多复杂的集体规则，他们会适度接受自己感兴趣的规则。

父母给孩子定规则的方式也是影响孩子是否接受规则的另一个原因。若父母用命令式的口吻和唠叨的方式告诉孩子“你把玩具收起来”，这反而会激发孩子的叛逆心理。父母可告诉孩子遵守此规则的原因以及不遵守规则的后果，还可通过表扬、鼓励、比赛的方式帮助孩子内化规则。如父母可以这样说“宝贝，我们一起比赛收拾玩具吧，这样客人来就可以看到干净的家了”。

值得注意的是，如果父母不遵守规则却要求孩子遵守，这样的规则对孩子是无效的，因而父母需要与孩子共同尊重规则，为孩子做好榜样。

2. 性别角色倾向明显

3 岁的孩子已经有了性别认同，他们能够正确识别自己和他人的性别。到 4 岁时，他们不仅以男女自居，还逐渐意识到性别是稳定不变的，即男孩一直会是男孩，女孩一直会是女孩，男孩也不再会说长大后想当妈妈。

意识到男女有别

3 岁的孩子对自己的着装、行为举止逐渐形成自己的认识，他们知道“男女有别”，开始对男性或女性的典型特征有了自己的看法。3 岁的孩子意识到男孩会穿蓝色裤子，女孩会穿粉色的小裙子；男孩不能留长头发，女孩却可以有漂亮的小辫子。甚至在选择玩具方面，3 岁的男孩和女孩都会有所不同，男孩普遍喜欢机器人、小汽车；女孩更喜欢搂着洋娃娃、动物布偶和化妆，如像妈妈一样涂抹指甲油。有研究表明，在 3 岁孩子的眼里，他们认为男孩就应该帮助爸爸干活，女孩就喜欢帮妈妈收拾屋子。父母可能会好奇：为何上幼儿园的孩子就能表现出这些明显的性别差异呢？其实这和父母有直接的关系。

除了遗传、激素等生理因素给孩子带来的性别差异，父母对孩子性别特征行为选择的影响重大。当孩子还处于婴儿期时，父母就会按照不同的性别给孩子起名字，如男孩叫强强，女孩叫莉莉。父母会通过孩子的打扮宣告孩子的性别，他们给女孩穿上漂亮的花裙子，戴上有蝴蝶结的发卡，从而保证成人能做出与孩子性别相符合的回应，如当陌生人看到后可能会怜爱地摸着孩子的小脸蛋并说“多么可爱的小姑娘啊”。此外，父母对男孩和女孩的态度不同，他们会在日常生活中赞许孩子和他性别相匹配的行为。如大部分父母希望男孩要强壮、有担当、能保护别人，甚至出现一点攻击性行为也是正常的。他们鼓励男孩玩积木、小汽车，但若看到 3 岁的男孩整天抱着布娃娃时，父母就会表现出担忧和不支持。父母希望女孩可爱、漂亮，鼓励女孩跳舞、打扮，但不希望看到女孩整天爬上爬下。值得注意的是，孩子不经意间会把父母的行为作为自己的榜样来学习，从而获得性别行为，如女孩看到妈妈洗衣服、拖地便会模仿妈妈的行为。

小贴士　父亲参与孩子教养无比重要

在现代社会仍有许多父亲认为“养孩子是女人的事情”，那么抱有这种想法的父亲不仅需要调整自己的观念，更要重新掂量下自己在孩子成长过程中的作用。虽然母亲在 3 岁孩子的心中有着不可取代的地位，但父亲对于 3 岁孩子的性别角色和人格特征的形成有着举足轻重的影响。如果 3 岁的男孩大部分时间都和妈妈在一起，与父亲交往过少，很容易形成柔弱、缺少阳刚之气的女性化特征。一般来说，父亲是阳刚、勇敢、坚强的代表，他们的这类特征会对3岁的孩子产生潜移默化的影响。相比较母亲总是告诉孩子“要当心”，父亲更喜欢与孩子玩翻跟头、打球、跑步等更刺激大胆的游戏项目，孩子通过对父亲行为的模仿也会逐渐形成勇敢、自信、果断、爱探索的个性品质。

当然，如果父亲认为自己的行为只对男孩产生榜样作用，那就有失偏颇了，父亲对女孩的教养同样重要。有研究表明，父亲对女孩的人格及其后的幸福都有决定性的影响。随着时代的发展，社会推崇的不再是传统的男性气质和女性气质，父亲对女孩的榜样作用不仅能让女孩获得足够的安全感，还能让女孩获得果敢、独立、坚强等双性化特征，让女孩日后更有自主精神。可见，父亲的性别特征、思维方式、社会角色、教养行为对3岁孩子的成长有着不可或缺的作用，他能帮助孩子的性别角色顺利发展，建立健康向上的人格，为孩子提供与母亲完全不同的心理和行为支持。

值得注意的是，有些妈妈会抱怨父亲带孩子时的粗心、邋遢，如父亲可能给孩子乱搭衣服，出门一趟全身脏兮兮，但也许这正是你3岁孩子欢喜的地方呢。母亲要学会放手，信任自己的伴侣，大胆地把孩子交给父亲。

对自己的身体构造敏感

3岁的孩子开始对身体构造感兴趣。他们对自己与他人身体的不同充满了好奇。精神分析学派心理学家弗洛伊德曾提到 1 岁孩子通过嘴巴进食获得快感，2—3 岁孩子通过肛门感受排便的畅快，3 岁后的孩子逐步转入“性器期”，此时他们对自己的生殖器官感兴趣，喜欢用手触碰自己的性器官，这是孩子性意识的萌芽。

当 3 岁的男孩触碰自己的“小鸡鸡”时，父母要保持淡定，千万不要惊慌地大声呵斥阻止，更不能耻笑或打骂孩子，这种过度反应会让孩子觉得自己的生殖器是禁区，从而对此更加感兴趣。父母不要以成人的观点去批判孩子的行为，避免造成孩子的罪恶感。

父母可对孩子进行适当的性教育，如在孩子洗澡的时候告诉孩子：“小鸡鸡”和自己的眼睛、鼻子一样，都是自己身体的一部分，需要好好地保护；平常也可不断地提醒孩子：手上有很多细菌，经常用手摸“小鸡鸡”会让它生病，自己不能经常摸，更不能让别人摸。此外，父母需认识到，对 3 岁孩子的性教育不仅局限于教孩子认识生殖器官，还应包括了解生命的由来、性别认同教育、清洁自己的身体、隐私部位的保护等。父母不必羞于启齿，需意识到早期的性教育对孩子的日后成长很重要。当然父母还可顺应孩子的提问，借助性教育主题绘本，如《小威向前冲》《小乳房》《不要随便摸我》等，潜移默化、循序渐进地对孩子进行适当教育。

3. 黏着你，喜欢跟你在一起

虽然3岁以后的孩子渴望独立，但是一旦需要跟父母分开，比如要上幼儿园时，他们却有点止步不前、缺乏自信，甚至产生退缩的念头。你可能会发现3岁的孩子比以前更依恋你了，比如你去哪儿他都要跟着，对入园的强烈抗拒，等等。这都是孩子正常的表现，也是小小孩儿要走向外面世界的缓冲期。

执着地带着家里的小毯子上幼儿园

3岁的圆圆每天都要带着毛绒玩具熊去幼儿园，吃饭、睡觉、游戏的时候都要与它形影不离，即使毛绒玩具熊变得又脏又邋遢，她仍然爱不释手。妈妈只能趁圆圆睡着时偷偷拿去洗干净再悄悄放回来。妈妈不明白这又破又旧的玩具熊到底有什么好，甚至担心圆圆是不是产生了恋物癖。

3岁孩子带着家里的破毛巾、毛绒玩具、小毯子、小枕头等各式各样的东西去幼儿园，这是常见且正常的现象。对孩子而言，这些都属于依恋物，又称为安慰物。当孩子不得不与依恋的父母分开时（如上幼儿园），他们就会将这种对父母的依恋转移到熟悉的物品上。很多孩子在 1 岁左右就会寻找依恋物，这些依恋物能帮助他们缓解不安、焦虑的情绪，获得安全感。

3 岁孩子对依恋物的依恋程度是不同的，有些孩子上幼儿园时并不需要依恋物，有些孩子也只是在紧张的时候需要小毯子的安慰，还有的孩子时刻都离不开自己的毛绒小熊玩具。一般来讲，安全型依恋的孩子会把母亲作为安全基地，这类孩子的安全感十足，他们通常很快就能适应幼儿园的环境与压力，很少携带依恋物，而矛盾型依恋的孩子在和母亲分离时会表现出强烈的分离反应，他们可能会更需要依恋物提供的安慰。

不必过于担心孩子的恋物情结，只要父母实行积极的教养方式并和孩子逐步建立起安全的依恋关系，让孩子获得足够的安全感，那么随着孩子年龄的增长和对幼儿园的适应，慢慢地他就会减少对依恋物的依赖。

无比期待你早早地接他回家

在上幼儿园初期，3 岁的孩子普遍面临着入园适应的问题。在幼儿园一日生活结束的时候，孩子特别渴望父母的早早出现。特别是本身的气质偏焦虑、敏感或对幼儿园适应不佳的孩子，他们会期望早点看到父母身影，因而这类孩子的父母可以早点去幼儿园，陪孩子在幼儿园玩一会，和孩子聊聊今天在幼儿园发生的事情。

一般被接走得早的孩子更能感受到父母的关注和重视，他们会认为父母是值得信任的，从而产生安全感与较高的自我价值感。孩子会兴奋地说“你看，那是我爸爸”“我爸爸是第一个来接我的”等类似的话。如果孩子要求你“第一个接他”，你需要问清楚原因，一次两次可以，但并不需要一味满足。

值得注意的是，父母一定要避免总是最后一个接孩子。当 3 岁的孩子看到自己的小伙伴都被父母接走时，他们的内心其实充满了羡慕和期待，而总是最后才被接走会让孩子觉得自己是不被重视的，甚至会产生孤独和无助感。

此外，现在的父母普遍工作较忙碌，更多时候都是家里的老人去接送孩子，但父母始终都是孩子成长中最重要的角色，因而父母应尽可能亲自接送孩子，哪怕一周只有一两次。当父母有事情需要晚点接孩子时，可提前与孩子沟通好，告诉孩子“妈妈今天有事情要晚一点去幼儿园，但妈妈下班马上就赶过去，你是妈妈心中最好的孩子”。3 岁的孩子已经能够理解父母的辛苦，也能听懂简单的道理。父母答应接孩子，却由于现实情况做不到时，要在事后及时安抚他。

可以尝试独睡

孩子 3 岁左右，很多父母开始有让孩子独睡的想法，同时父母也很纠结，一方面他们觉得3岁的孩子还小，怕孩子独睡时睡不安稳；另一方面，如果不独睡，怕孩子养成依赖的性格，影响孩子独立性的培养。那么到底什么时候可以让孩子独睡呢？3岁的孩子可以适应独睡吗？这可能是众多父母关心的问题之一。

目前，关于孩子独睡的开始时间众说纷纭。有人认为3岁前是父母和孩子亲密感的建构期，不宜独睡，但也有人觉得让孩子越早独睡越好，这样可以培养孩子的独立性，坊间还有“3岁分床睡，5岁分房睡”的说法，当然还有一些父母压根儿就没有让孩子独睡的意识。在西方国家的教育理念中，很多父母在孩子6个月左右就会让孩子单独睡在小床上，两岁前就会和孩子分房睡。

事实上，让孩子独睡并没有绝对固定的时间点，但会有一个合适的时间区段。从孩子的身心发展来说，新生儿出于哺育的需要建议和父母同睡，1岁左右的孩子出于亲密感和安全感的建构也可以和父母同睡，但2岁到3岁时，孩子已经有了自我意识并且有了独立意识发展的需求，此时父母就可以和孩子分床睡了。当然分床睡还并不是孩子独睡的标志。3岁尤其是三岁半之后，孩子的主动感和独立性会进一步发展，同时孩子会获得初步的性别意识，此阶段如果孩子仍和父母同床睡，可能会产生恋父或恋母情结。因而无论是从孩子的独立性发展还是从孩子自身能力发展来看，3岁之后的孩子已具备了独睡的能力。但要不要和孩子分房睡，父母也要视孩子的健康状况、发育水平、气质、依恋程度而定，如让气质敏感、焦虑，对母亲过分依恋的孩子独睡似乎比较困难。就整体而言，3—5岁之间，父母完全可以让孩子尝试独睡。

小贴士　让孩子独睡的步骤

显然，让3岁的孩子独睡不是件容易的事儿。你可分两步走，从分床睡做起，一开始，你可以把孩子的小床摆放在大床旁边，将一侧护栏放下，这样，孩子就不会明显感到与爸爸妈妈分开了。随着时间推移，可以逐渐拉开小床与大床的距离。等孩子习惯分床睡后，可开始第二个步骤：分房睡。你可以和孩子共同布置温馨的房间，选择孩子喜欢的枕巾和床单。此外，在孩子睡前，不要和孩子谈论令他们感到伤心的话题，也不要做剧烈运动，可以给孩子读故事，听舒缓的音乐让他放松。当然这些并不能让孩子乖乖妥协，他们仍然会哭着要求与你同睡，此时你还可采取短暂的隔离法，在条件允许的情况下，把孩子送到祖辈父母家待两日再接回，让孩子适应夜晚和父母分开的情形。

独睡的最初阶段很重要，需要孩子的坚持和适应，更需要父母坚持的态度与原则，不论孩子怎么哭闹，都要把孩子送回他自己的房间。父母还可把自己房间和孩子房间的门打开，让孩子随时能听到父母的回应。当然在独睡的过程中，孩子会经常反复，有的孩子半夜睡醒又会自己跑到父母的床上去，因而父母需要做好长期适应的准备。

回顾与思考

1. 你的孩子有自己喜欢的朋友吗？他最喜欢与什么样的孩子交往？

2. 与其他孩子玩耍时，你的孩子会表现出合作、分享的行为吗？

3. 你的孩子能意识到男女有别吗？你会有意识地强化孩子的性别意识吗？

4. 孩子一定要带着家里的某样物品去幼儿园，你怎么看待这件事情？

5. 你的孩子有与你分床或分房睡吗？如果没有，你打算什么时候让孩子独睡？

6

第 六 章

迎接入园新生活

1. 适合才是最好的

幼儿园是孩子离开家庭进入社会的第一站，每一位父母都希望自己的孩子在最好的幼儿园里接受最好的教育。于是，我们往往会看到这样的一幕：很多父母为帮助孩子选择好的幼儿园，四处奔走，托人打听，甚至到处求人，只为能够帮自己的孩子在好幼儿园中报上名。很多父母说："要选择一所好幼儿园，比让孩子考个好大学还难。"诚然，选择一所"好"的幼儿园对于孩子的成长非常重要。那么，什么样的幼儿园才是"好"幼儿园？如何理智地选择幼儿园呢？

示范园还是普通幼儿园?

很多父母在选择幼儿园时，会自然而然地选择示范园。根据幼儿园的分类标准，示范园往往拥有很好的硬件条件，师资力量也比较好。为了能上示范园，很多父母甚至不惜路途遥远，花钱买学区房获得报名资格。即使孩子如愿进入了示范园，但每天要花费很长的时间在路上，路途的疲劳会大大降低孩子上学的积极性，同时也会增加父母接送孩子的难度。大量金钱的投入也不免会产生新的家庭矛盾，紧张的家庭环境更不利于孩子的成长。这样的择园很难说是理智的。相比之下，选择一所离家近、各方面条件虽不突出却也设备齐全、管理规范的幼儿园何尝不是一个好的选择？因而，在选择幼儿园时，不可盲目追求“示范园”“一级园”，需要结合家庭实际情况，综合进行考虑。

公办还是民办？

在选择幼儿园的时候，你还可能面临这样的选择难题，是选择公办幼儿园还是选择民办幼儿园？公办幼儿园安全有保障，收费较低；民办幼儿园办园特色鲜明，但费用昂贵。无论是公办幼儿园还是民办幼儿园，都有办学质量较好的，也有办学质量差强人意的。在同等办学质量的前提下是选择公办幼儿园还是民办幼儿园，你可以根据自己的实际情况来选择。

经济状况　民办幼儿园往往收费较高，如 2016 年上海幼儿园收费标准公布所示，上海民办幼儿园一般每月每人 2 000 元，双语或好一点的幼儿园则要 5 000~6 000 元，甚至更多，且这些费用并不包括餐饮费、各类兴趣班费等。公办幼儿园的收费则要低很多。公办幼儿园的保育教育费，一级园全日制的最高收费标准为每月每人 225 元；二级园全日制最高为每月每人 175 元；三级园全日制最高为每月每人 125 元；市级示范园全日制最高为每月每人 700 元。因而，为孩子选择幼儿园时，你要对自己的经济状况进行理智的分析。

如果孩子的教育支出占据家庭的大半支出，长此以往终将使人无力负荷，给家庭带来纷争与不必要的烦恼，反而不利于孩子的成长。

教育期待　父母在为孩子选择幼儿园的过程中，也包含着对孩子的教育期待。有些父母希望孩子能够有一个快乐的童年，在游戏中成长。他们不希望孩子过早地背负上学习的负担，过早地去练习某一技能。这类父母可以考虑选择公办幼儿园。因为公办幼儿园开设的课程是按照教育大纲来设置的，不允许开设兴趣班。有些父母则认为学习要从娃娃开始抓起，从小就要对孩子进行全面培养，所以，希望幼儿园能够提供培养孩子各种能力的途径，而民办幼儿园能满足这类父母的需求。民办幼儿园除按教学大纲来开设课程之外，往往还开设种类不一的兴趣班，如舞蹈班、绘画班等。在经济条件允许的情况下，你可以结合自己对孩子的教育期待来选择幼儿园。

实地探访很重要

很多父母选择幼儿园的标准是基于幼儿园的“口碑”，盲目相信别人口中的“好”幼儿园。如有些父母花费很大的代价把孩子送入昂贵的私立幼儿园，本以为孩子可以接受更优质的教育，却发现孩子上幼儿园后不再天真活泼，开始变得闷闷不乐、沉默寡言了。经过了解才发现原来幼儿园每天给孩子们安排很多要学习的内容，采取“填鸭式”的教育。那么，这样的幼儿园真的是你想要的吗？因此，在选择幼儿园之前，除了“口碑”，实地探访是很有必要的。那么，去幼儿园进行实地探访具体要探访哪些内容呢？在此为大家提供一些参考。

关注幼儿园的环境

环境是第三位老师，潜移默化地影响着孩子的发展。因而，父母在选择幼儿园前不妨去幼儿园逛逛，实地考察幼儿园的环境。环境布置良好的幼儿园一般具有以下特点：

（1）幼儿园周边不存在安全隐患，环境清幽，空气清新。

（2）户外环境布局合理，精心设计。园门及围墙的设计美观、简洁，充满童趣；绿化面积大，有多种花草树木，孩子能与大自然亲近；一般设有游乐设施区、体育活动区、玩水玩沙区、种植饲养区等。

（3）园舍不宜过高，一般不超过 3 层；楼梯上应有专门为孩子设计的扶手，方便孩子上下楼梯；楼梯墙面可悬挂各种工艺美术品或孩子的作品；桌角、柱子、门缝等要有防护设备；厨房应清洁，符合卫生要求；有专门的寝室、卫生间；消防设备、饮水、用电等设施齐全、安全。

（4）活动室应明亮、宽敞；桌椅高度适合孩子使用；根据孩子的兴趣爱好进行合理的区角设计；墙面根据教学主题进行精心的设计。

关注幼儿园教师的精神面貌

一所好的幼儿园不仅需要好的硬件设备，更需要好的老师。一

位好的老师可以为孩子的健康成长保驾护航。因此，在实体探访后，你还要对该园的老师有一定的认识与了解。

（1）你可以在实地探访时与幼儿园老师进行交流，通过老师的言谈举止感知老师的整体素质。

（2）你也可利用放学接孩子这段时间，观察幼儿园教师对待孩子的一举一动。值得相信的是，一个热爱孩子的老师肯定不会是一个坏老师，而一个老师对孩子的热爱也是可以从她的一颦一笑、一举一动中看出来的，她们会抱抱孩子，会微笑着和孩子再见，会亲昵地摸摸孩子的头，会牵着孩子的手，把他交给爸爸妈妈……

（3）你还可以多和该幼儿园的家长进行交流，获取相关信息。已经入园的幼儿家长对于这所幼儿园会有更深的认识，可以提供更多细节。当然，只和一位家长交流是不够的，需要和多位家长交流，才能保证获得的信息更加真实。

2. 爱上幼儿园

上幼儿园是孩子第一次离开家，进入一个新的、陌生的环境学习。离开熟悉的家，面对陌生的环境和陌生的人，会让他们产生不同程度的焦虑。有些孩子在幼儿园里常常不停地哭闹，吃饭、睡觉不正常，甚至出现发呆、唠叨、不安、烦躁等现象。适应性较差的孩子这种状态可能延续一个月甚至更长时间。这不仅影响幼儿园活动的正常开展，也严重影响了孩子自身的发展，给父母带来不小的负担。父母是孩子最亲近也是最信任的人，如果提前帮助孩子在入园前做好相应的准备，养成良好的生活常规，调整好入园情绪和教给孩子一些与其他小朋友交往的技能，可以让他更快适应新环境，爱上幼儿园。

生活常规的养成

养成规律的作息　幼儿园有严格的生活作息，玩耍、吃饭、睡觉的时间都与家里不一样。很多孩子在入园的时候，仍然保持晚睡晚起的习惯，不能按时上幼儿园，无法适应幼儿园的作息。因而，在入园前几个月，父母应参照幼儿园的标准，在家逐步对孩子的作息时间进行调整，养成规律的作息习惯。

◎早睡早起

由于现在很多家庭习惯晚睡，很多孩子也睡得比较晚，有些孩子甚至晚上11点都不睡觉。所以，父母要在他进入幼儿园之前调整好作息时间。你可以和孩子一起制定入睡的时间，比如晚上9:00之前必须入睡。由于孩子的时间观念并不强，你可以为他购买一个闹钟，告诉他当指针指到哪里时必须入睡。另外，良好的入睡习惯往往会帮助孩子更快地进入准备睡觉的状态，如讲睡前故事。需要注意的是，在孩子准备睡觉前一个小时，不要让他做一些运动量大、引起兴奋的事情，可适当做一些舒缓、轻松的事，如听听轻音乐等。

◎养成睡午觉的习惯

3岁的孩子往往精力很充沛，不愿意睡午觉，但睡午觉可以让孩子得到更好的休息。你可以为孩子规定“午睡时间”，时间到了，他要待在自己的床上，如果实在睡不着的话，也可以闭上眼睛进行休息。在培养习惯的前期，你可以陪同孩子一起睡午觉，有父母的陪伴，孩子会更加安心。需要注意的是，午睡时间不可过长，否则孩子晚上会精力旺盛，睡不着觉。

◎为孩子准备用餐工具

3岁孩子的手腕已经很灵活，可以使用汤勺吃饭。筷子的使用，对于孩子仍有些难度。鲜明的颜色、充满童趣的图案往往会激发孩子的好奇心，你可以为他准备色彩鲜明、充满童趣的碗勺。如果可以的话，也可以带孩子一起去挑选、购买他喜欢的碗勺。另外，由于此时的孩子还不能完全掌控自己的行为，所以应挑选不易碎、材质轻便的碗勺。

◎营造吃饭的仪式感

在西方国家，很多人会在饭前进行祷告，祷告结束后再开动，而在中国古代也讲究“食不言，寝不语”。无论是西方饭前的“祷告”，还是中国古代的“食不言，寝不语”，其实都是为吃饭这件事营造一种仪式感，告诉孩子吃饭是很重要的一件事，必须认真对待。你可让孩子参与营造这种仪式感，如饭前摆好碗筷、洗好小手，端坐在桌前，等待其他人上座后，对大家说“开饭了”后再吃饭。

◎耐心等待，及时鼓励

虽然大多数3岁孩子已能够自己握勺吃饭，但对很多孩子来说，独自吃饭仍是一件有挑战的事。他们常常吃饭速度慢，有时候会弄得满地都是。这就需要你的耐心等待，给予孩子足够的时间，让他们独立完成。当他们有一点点进步时，要及时给予鼓励，这样才能激发孩子自己吃饭的兴趣。

独立自主吃饭 很多孩子在进入幼儿园之前，吃饭都是由成人喂，有些甚至要一边哄骗一边喂。而当孩子进入幼儿园之后，需要自己吃饭。所以，父母要提前训练孩子独立自主吃饭。

自己穿脱衣物 进入幼儿园后，孩子将在幼儿园午睡，需要他们自己穿脱衣服。因此，在孩子进入幼儿园前，你可教会孩子自己穿脱衣服。

◎在为孩子选购衣物的时候，要挑选简单易穿的衣服，避免复杂、多纽扣的衣服，便于孩子穿脱。

如绑鞋带的鞋子会增加孩子穿脱鞋子的难度，3 岁的小孩还不能完全学会系鞋带。带魔术贴的鞋子是不错的选择，孩子只要轻轻一搭即可穿好。

◎儿歌和游戏可以很好地帮助你训练孩子穿脱衣服。

自主穿脱衣服对 3 岁孩子来说是个不小的挑战，如果加入儿歌和游戏则会使穿脱衣服变得非常愉快。如你可以一边嘴里念着“一件衣服四个洞，宝宝钻着大洞洞，脑袋钻出中洞洞，小手深入小洞洞”，一边拿着孩子的衣服进行示范。孩子听到儿歌会很感兴趣，你可立马对他发出邀请：“宝贝是不是也想钻洞洞啊？”孩子熟练掌握技巧后，也可以和他进行比赛，看谁穿得快。当然，你应该假装让孩子赢，这会让他获得满满的自豪感，会更愿意自己穿衣服。

小贴士　训练孩子穿脱衣服的儿歌

穿套衫

爬爬爬，爬爬爬，抓住衣边往下滑，最先露出脑袋瓜。

捏住袖口伸进去，左手右手伸出来，最后把衣往下拉。

脱套衫

先把衣服往上提，抓住袖口缩胳膊。

左胳膊、右胳膊，左右胳膊缩回来。

提住领子露出头，宝宝的衣服脱好了。

穿开衫

抓领子，盖房子，小老鼠，钻洞子。

左钻钻，右钻钻，吱吱吱，上房子。

脱开衫

拉下小拉链，两手开小门。

左手帮右手，拉拉小衣袖。

后面拉一只，前面拉一只。

宝宝本领大，衣服脱好了！

穿裤子

左边一列火车钻山洞，右边一列火车钻山洞。

呜——两列火车顺利过山洞，裤子穿好了！

脱裤子

抓住大洞洞往下推，抓住小洞洞往外拉，

拉好左脚拉右脚，宝宝会脱裤子了。

去幼儿园前的情绪准备

伊伊是一个3岁的孩子，每次早上妈妈带伊伊去上幼儿园时，伊伊总是会变得很不开心，缠着妈妈，不想去幼儿园。妈妈告诉伊伊：“幼儿园里有很多小朋友，你可以和其他小朋友一起玩。”伊伊哭着说：“我不想去幼儿园，我要妈妈。”

孩子刚上幼儿园时常出现这样的场景：他不愿意去幼儿园，每次父母提到要去幼儿园时，他就大哭大闹。上幼儿园是孩子第一次离开家，长时间独自待在一个陌生的环境，面对陌生的人，往往使得他们很焦虑。他们本能地害怕、排斥，通过哭闹来表达自己不安的情绪。由于孩子年龄较小、经验不足，他们不知道如何调整自己的情绪，这时就需要父母的帮助。好的情绪可以帮助他们更好地适应新环境。

理解孩子的情绪

有些父母在送孩子上幼儿园时，面对孩子的哭闹，往往会表现出很不耐烦，直接制止孩子的哭闹，或是不知所措，不知如何处理孩子的哭闹。其实，父母首先要理解孩子此时的心理，他内心对陌生环境的恐慌，对爸爸妈妈离开后可能会发生的未知事件的害怕等。他们无法阻止爸爸妈妈的离开，只能通过哭和闹来让爸爸妈妈多待一会儿，多陪他一会儿。与其直接制止他们哭闹，不如蹲下来给他们一个拥抱，好好安抚他们。在孩子冷静下来之后，给孩子一个承诺，明确告诉他等到幼儿园放学的时候，爸爸妈妈一定会来接他，并且会给他带来小礼物。

为孩子准备熟悉的东西，给予安全感

在理解孩子情绪的基础之上，也可以为他准备一些熟悉的东西，增加他的安全感。这些熟悉的东西可以是孩子最喜欢的玩具、依恋物或者全家人的合照等。比如云云最喜欢自己的洋娃娃，妈妈就可以和她的老师进行沟通，允许她带着洋娃娃一起去上幼儿园。有了洋娃娃的陪伴，可以大大减少云云在幼儿园的孤独感，她会觉得洋娃娃还在陪着她。

调节消极情绪

你可以通过游戏来教给孩子一些简单的调节消极情绪的方法。比如跟孩子说：当你感到紧张、难受的时候，可以想象自己的肚子是个大气球，把所有的不愉快都用力地吸进自己的肚子，把气球吹大，然后再慢慢把肚子里所有的“气”放出来，让这些不愉快消失在空气中。你可以拉着孩子的手，一边说一边让孩子感受吸气、呼气，通过这种方法来调节情绪。

除此以外，你还可以和孩子一起讨论“如果在幼儿园你想爸爸妈妈了，你会怎么办”。孩子可能会想出很多办法，比如他可以看看书，多看一会书，爸爸妈妈就会来接他的，或者可以拿出爸爸妈妈的照片，亲亲他们，等等。

与其他小朋友相处的技能

上幼儿园前，孩子是家里关注的焦点，但同伴少，不知道如何与小伙伴交往。一旦进了幼儿园，孩子就将与小伙伴自由接触，因此，在孩子入园前，让他掌握一些基本的交往技巧就显得尤为重要了。

多为孩子创造与同伴接触的机会，鼓励孩子主动交友。你可以利用周末带孩子去公共场所如公园、广场等地玩耍，鼓励孩子主动和其他小朋友打招呼，并和他们一起玩耍。另外，去亲戚家串门也是一个不错的选择，可以增加孩子和同龄孩子相处的机会。

通过游戏、绘本等形式教会孩子如何交朋友，发现交朋友的过程中可能遇到的问题，并且一起讨论如何解决。刚进入幼儿园的孩子，并不知道如何发起交往。很多时候他们想和其他幼儿一起玩耍，却不知道怎么办，有些孩子选择默默地站在一边观看，有些孩子则直接跑过去抢走其他孩子的玩具。因而，父母有必要教给孩子一些发起交往的技能。借助绘本是个不错的选择。

小贴士　推荐绘本《做朋友吧》

内容简介：小蛇特别想交到朋友一起玩，于是它去跟大家打招呼，可大家全都吓跑了。为什么大家都会害怕呢？后来小蛇想出了办法……

3. 父母的新生活

进入幼儿园，对于孩子而言是一段新的征程；对于父母尤其是妈妈而言，同样也意味着一段新的生活。在孩子进入幼儿园前，有些妈妈为了更好地照顾孩子，甚至放弃自己的工作，做全职妈妈，把所有的时间、精力都用于照顾孩子。当孩子进入幼儿园后，父母可能会面临孩子离开的失落，重拾工作后的不适应，以及如何与老师相处等各种挑战。

调整心态

我们常常会在幼儿园门口看见这样的一幕：孩子和父母在幼儿园门口上演悲痛的离别剧，孩子在幼儿园内哭，父母在门口哭，有些父母甚至躲在墙角，迟迟不肯离去。众所周知，孩子上幼儿园面对陌生情境会产生种种不适应，甚至入园焦虑。而很多父母一下子也很难舍得让孩子长时间离开自己。他们会很紧张，会担心孩子在幼儿园找爸妈怎么办，孩子在幼儿园是否能吃好睡好，孩子在幼儿园会不会一直哭，嗓子哭哑了怎么办，其他小朋友会不会欺负他……情绪是会相互传染的，父母的这种情绪会传递给孩子，增加他的入园焦虑。有研究表明，父母的焦虑情绪会对孩子的入园焦虑产生很大的影响。入园初期，父母焦虑程度越高，孩子入园适应水平就越低。因此，父母要调整好自己的心态，正确认识孩子入园这件事，在孩子面前始终保持乐观的生活态度，与孩子一起谈论幼儿园，增加他对幼儿园的好感，帮助他做好心理准备。

重拾工作

孩子进入幼儿园后，父母不用时时围着孩子转了，开始重新拥有大量的时间和精力。对全职妈妈而言，意味着可以重新开始工作；对爸爸而言，则意味着可以把更多的精力和热情投入到工作中。面对这一改变，父母可以做好相应的准备，更加从容地回归职场。

重拾信心

很多妈妈尤其是全职妈妈，在这几年中把所有的时间和精力都用于对孩子的养育上，脱离工作。孩子上幼儿园后，妈妈又开始有自己的时间，打算重返职场，却往往担心自己已离开职场这么多年，是否还能适应工作、胜任工作。这份担心、不自信也让不少的妈妈打了退堂鼓。此时，妈妈需要做的就是重拾信心，相信自己：生孩子那么难的事情我们都已经做到了，那么世上还有什么事情是办不到的呢？

重新制定职业规划

父母可以根据自己的实际情况进行分析，做好职业规划。通过职业规划，更准确地锁定自己的职业发展目标，明确自己的工作方向。这可以大大降低重返职场所带来的不安，从而变得更加从容。

协调好育儿与工作之间的关系

虽说此时的父母可以重返职场继续为自己的工作努力，但并不意味着育儿工作有所减少。养育孩子仍是重中之重。因而，在此期间，父母要协调好育儿与工作之间的关系。无论工作多忙，每天都要抽出固定的时间来陪伴孩子，关心孩子。如果可以的话，尽量把周六周日的时间留给家庭，进行一些家庭活动，增进亲子之间的感情。

学会与老师相处

孩子进入幼儿园后，父母就开始面对一段新的人际关系的建立与维护，即与幼儿园老师的关系，又被称为亲师关系。如何与幼儿园老师保持良好的关系对父母而言同样也是一大挑战。

保持积极、良好的沟通

父母与幼儿教师都是孩子成长不可缺少的重要他人，父母与老师之间积极、良好的沟通不仅能给孩子树立良好的榜样，而且有助于家园合作，共同推动孩子的发展。良好的沟通往往建立在平等的

基础之上，而在现实中，老师与父母的沟通往往不那么平等。幼儿教师常常处于“权威者”的地位，而父母则处于被动接受的位置，这在一定程度上影响了双方的理解和沟通。所以，父母在与老师的沟通中应更加主动，积极去了解孩子的在园情况和发展状况，并将孩子在家的情况反馈给老师，以实现家园共育。但是，主动沟通不等于无时无刻的沟通。有些父母太过于积极，孩子在家出现一点小问题也找老师沟通。随着网络的发展，沟通方式的多样化，一些父母通过电话、短信、微信“轰炸”老师们。不少老师都会提到有时候晚上 11 点都能接收到家长的短信或微信。这样的沟通太“霸道”，侵占了老师的个人时间。对家长来说，只是一条短信；对老师来说，她可能收到十几个家长发来的短信。因而，父母在发挥主动性的同时，也要适时、适度。另外，父母要摒弃个人成见，积极听取老师合理的意见。在意见不一致时，能够认真倾听，友善地表达自己的观点，与老师共同寻找更好的解决办法。

互相尊重与理解

良好的亲师关系离不开相互尊重。如果父母和老师能够相互尊重，就为良好亲师关系的构建搭建了一个良好的平台。幼儿园老师在与家长沟通的过程中要展现和蔼可亲、平易近人的形象，在家长表达自己想法的时候认真聆听，虚心接受他们的建议，切不可因自己是老师，摆出高高在上，“师道尊严”的姿态，影响彼此的沟通。作为父母，也要尊重幼儿园老师的工作。有些父母会不经意间在孩子面前谈论“×× 老师不是很好”“×× 老师很凶”等话题，看似不经意，其实是对老师的极大不尊重，甚至孩子也会学会这一行为，在学校对老师说“我妈妈说你很凶”之类的话。

在相互尊重的前提下，相互理解同样很重要。我们常常会听到很多幼儿园老师抱怨父母不理解他们的行为，而父母则认为幼儿园老师不关心自己的孩子，双方关系僵持，甚至紧张。如小班幼儿常会出现因抢夺玩具而发生的争执，孩子往往动作先于语言，发生抓破、磕到等事情。对老师来说，班级有二三十个孩子，有时确实是很难照看到每一个孩子，尤其是孩子的这种突发事情往往在那么一瞬间就发生了，很难及时制止。但对每一个父母而言，孩子都是

“捧在手心里怕摔了，含在嘴里怕化了”的宝贝，看到孩子受伤，自然很心疼，难免会有些小抱怨。幼儿园老师可以站在父母的角度，理解父母爱子心切的心情，及时向父母传达自己对孩子的关心之情，并诚恳地表达歉意。对孩子关心、诚恳的态度往往会使父母的怨气消失一大半。父母也应该站在老师的角度，理解他们工作的难处，那么，剩下的抱怨也消失不见了。换位思考，为对方多想一点，多理解对方一点，不仅可以避免父母和老师之间矛盾的发生，而且可以大大促进亲师关系的和谐。

回顾与思考

1. 如何给孩子选择一所合适的幼儿园？

2. 实地探访幼儿园需要关注哪些方面？

3. 如果孩子告诉你，他不愿意去幼儿园，你会怎么做？

4. 孩子上幼儿园后，你将如何规划自己的生活？

5. 你和幼儿园老师在某个问题上意见不一致，你会怎么做？

7

第 七 章

快乐而有意义的家庭节日

1. 庆祝节日的原则

盼望过节曾是人们童年生活中很重要的一部分，但是现在常会听到不少人谈到年味变淡了，过节的气氛不浓郁了，节日和日常生活也没什么两样了。确实，随着物质条件的日益丰富，美食、新衣不再需要过节就可以满足，节日少了期待，自然也就失去了实现期待的某些乐趣。

作为父母，我们要为孩子守护一片净土，用心准备，为孩子带来一份新的期待，将传统延续，再添加上新意，陪孩子一起度过有趣而有意义的节日。在准备庆祝节日时，要遵循以下原则：

重视传统而不保守

父母在与孩子一起庆祝节日时，要尊重传统，重视传统习俗。这些传统习俗中包含着我国优秀的传统文化，这些文化都是经过时间的考验沉淀而成，值得我们继承和发扬。如重阳节的登高，在金秋九月、天高气爽的日子，带着孩子一起去爬山、登高，不仅可以达到心旷神怡、健身祛病的目的，也可以培养孩子坚持不懈的精神。

另外，当你告诉孩子，我们的爷爷奶奶们、太爷爷太奶奶们每年都是这样做的，我们是在走祖先们走过的路，相信孩子一定会特别感兴趣。当然，重视传统并不意味着墨守成规，我们可以在尊重传统的基础之上，有所创新。如重阳节这一天，你可以和孩子一起准备一份给爷爷奶奶的礼物，让孩子从小就学会用实际行动来尊老爱老。

简单不奢华

无论是给孩子举办生日聚会，还是欢度佳节，父母都应该追求简单而不奢华。你不需要投入太多的金钱，如果可以的话，尽量以手工制作代替购买。或许手工制作会花费不少的时间，但你却用自己的言行告诉孩子：重要的事情是需要花时间、精力精心准备的。无形中，你也教会了孩子节俭的传统美德。而奢华的节日仪式往往会改变庆祝节日的本意，让孩子从小养成虚荣、攀比等不好的品质。

用心准备

庆祝节日时，要用心准备。你的用心也会教会孩子用心，用心的准备才能凸显节日的意义。传统节日可以按照传统习俗来准备。如端午节，可以自己购买糯米，和孩子一起动手包粽子，讲屈原的故事；元宵节，可以和孩子一起做汤圆、吃汤圆，一起猜灯谜。

重在参与

很多父母在准备庆祝节日的过程中，往往会把孩子排除在外，认为孩子太小，做不了什么。其实对三四岁的孩子来说，参与本身就很具有吸引力。他们想要去尝试、把控各种事情，你大可以放手让孩子跟你一起做各种准备活动，如过春节时让他帮忙扶着贴对联，元宵节一起制作小灯笼等。他们从参与中获得了快乐，对传统习俗也有了更真实的体验。

2. 孩子的3岁生日

由于物质条件越来越好，很多父母每年都会邀请三五亲朋好友给孩子过一个生日。3 岁孩子对生日有了一定的认知。你可以让孩子更多地参与到准备活动中：带孩子一起布置生日会场、制作生日卡片，让孩子邀请好朋友到家一起庆祝生日……父母其实不需要刻意准备太多精美的礼物，只需要给孩子们一个足够的空间和一些好吃的食物，还有他们喜欢的玩具，就能让孩子度过一个快乐的生日会。

给孩子讲述他出生的秘密

3 岁的孩子会非常好奇自己是从哪里来的，并常缠着父母追问。相信你也会遇到类似的问题。以前的父母可能会随便以一个理由搪塞孩子，觉得孩子会很快忘记这件事，于是“垃圾堆捡来的”“厕所捡来的”“胳肢窝里生出来”等回答比比皆是。现在大多数父母已经意识到应该正面回答孩子这个问题，提早对孩子进行性教育，却苦于不知道如何去做。孩子的生日恰好给你提供了一个绝佳的机会，在这一天，你可以主动告诉孩子关于他出生的秘密，孩子一定会很感兴趣，并会从内心中更加敬畏生命。

你可以将他出生的秘密编成美丽的生辰故事，在晨起或睡前讲给孩子听：妈妈的肚子里有一座城堡，有一位美丽的仙女路过这座城堡，她觉得这座城堡美极了，就是没有人居住，她觉得太可惜了。于是，一年后，她带了一颗美丽的种子种在这个美丽的城堡里。种子慢慢发芽、长大，变成了一个可爱的小天使。小天使每天在城堡里和蝴蝶嬉戏，和花儿为伴，开心极了。有一天，他发现城堡有一条秘密通道，他好奇地往里走。（这里你也可以加入孩子在密道里的一些奇遇）走啊走啊，他来到了一个新的世界，见到两个很和蔼可亲的人。他很喜欢他们，喜欢他们抱他、亲他，他再也不想回到城堡去了。于是，他留在新家，有了爸爸妈妈。这个小天使就是你哦！你来到新世界的那天就是你的生辰，爸爸妈妈决定每年的这一天来庆祝感恩你的到来。孩子一定会很喜欢这个美丽的故事。讲完故事后不要忘记亲亲孩子或抱抱他，“宝贝，欢迎你来到这个家”。

你也可以在阅读时间与孩子一起阅读相关的绘本，让孩子了解他是如何来到这个世界的。

小贴士　推荐绘本《小威向前冲》

小威是一个小精子，他和他的三亿个朋友一起住在布朗先生的身体里。小威的数学不好，但他是个游泳高手。布朗先生和布朗太太结婚了，精子们要举行一次游泳比赛，他们要从布朗先生的身体里游到布朗太太的身体里。为了赢得比赛，小威每天都很认真地练习。那天晚上，布朗先生和布朗太太亲密地在一起，裁判喊了“出发”。小威竭尽全力地往前游，他最终超过小布和其他精子们，赢得了比赛。接下来发生了很神奇、很美妙的事情，一个东西开始成长，布朗太太的肚子也变大了。小宝宝诞生了，而小威却不知道去了哪里。

孩子一定会对小威去哪里了很感兴趣，也会很快发现原来小宝宝就是小威。这样的绘本故事很巧妙地解决了你不知如何向孩子解释的难题，让孩子明白了自己是从哪里来的。

快乐的生日聚会

很多父母都会举办生日聚会来为孩子庆生，邀请亲戚朋友来家帮孩子庆祝。举办生日聚会是一件快乐的“麻烦事”，你可以带领孩子一起提前进行准备，充分的准备可以保证生日聚会的顺利进行。

活动准备

美食——提前列好食物清单，在生日的前天进行采购，父母也可以自己动手准备，既保证食物的健康，又让孩子感受到父母的重视。

道具——父母可以提前为孩子准备好生日宴会时会用到的游戏道具。

环境布置——父母可以提前 3~4 天与孩子一起来进行环境布置。装饰物最好不要选择购买，可和孩子一起创作，如和孩子一起折纸、画画、张贴，齐心协力布置好环境。

制作邀请函——和孩子一起设计、制作邀请函。孩子可以负责绘画，爸爸妈妈负责写字、剪贴。让孩子亲手将邀请函送到客人手中，会让孩子产生“自己是小主人”的感觉。

明确参加的人数——对孩子的生日会，我们主张采用简单的原则，不建议邀请过多的亲朋好友。需要注意的是，孩子的生日聚会最好以孩子为主，少邀请成人。你也可以让孩子自己决定他想邀请谁来参加自己的生日聚会。你可以提前和小客人的爸爸妈妈取得联系，请他们把孩子送来你家参加生日聚会，其间孩子可由你来照顾，他们只要在结束后来接孩子就可以了。

生日聚会

接待客人——在小客人到来之前，为孩子腾出较大的活动空间，摆上小靠垫。另外，也可以专门准备好一张桌子，给孩子们放礼物。当时间差不多时，小主人开始准备迎接小客人，你可以和孩子一起。3 岁的孩子还不懂得怎么接待朋友，此时父母可以给孩子做示范。当小客人带着小礼物陆陆续续来到家中，小主人可以亲切地打招呼，父母可帮忙接过礼物，放置在准备好的桌子上。一般来说，孩子接到小客人时，便会和他们一起玩耍起来。

游戏时间——孩子们聚到一起后会自发组织玩一些游戏，此时父母可以不用干预，只需保证他们的安全就可以了。但如果父母发现孩子们有点无所事事的时候，可以组织孩子一起玩一些集体游戏，如丢手绢、捉迷藏等。

用餐时间——在聚会上，你可以为孩子们准备一些自制的营养、

健康、有趣的食物。如将孩子喜欢吃的水果制作成水果沙拉，将蔬菜、水果榨成各种各样的果蔬汁，自制孩子们喜欢吃的爆米花、小饼干、薯条等。享受正餐时，最重要的时刻是小寿星切蛋糕。小朋友可以围成一圈，为小寿星唱生日歌，小寿星许完愿后为大家分发蛋糕。接下来，是小伙伴们一起享受美食的时光。这个时候父母尽量不要干预他们，也不要担心孩子把衣服、地板弄脏了，一切以快乐为原则。

拆礼物——享受完美食，可以安排孩子们一起去拆礼物。孩子们一般都对礼物抱着极大的兴趣，想要知道有哪些礼物。可以让小寿星在小伙伴面前拆礼物，和小伙伴们一起分享收获礼物的快乐。

送别小客人——宴会即将结束前，父母可以打电话通知孩子们的家长来接他们。你可以和孩子们一起送别小客人，并回赠小礼物，感谢他们的到来，并和他们说“再见”。回赠的小礼物可以提前做好，最好是由孩子自己来准备，可以是一幅画，也可以是一串小串珠等。

小贴士　让生日更有意义

在孩子生日那天除了为孩子举办一场生日聚会，父母也可以带孩子去做一些与众不同的事，过一个不一样的生日。相信你的用心准备，孩子一定会很喜欢，他会很自豪可以拥有这样的庆生活动。

与孩子共种一棵树　生日本身的意义就是致敬生命，感恩生命。在生日当天，你可以送给孩子一份独特的礼物——一棵小树苗，然后和孩子一起将它栽种好，接下来可由孩子来照顾、记录这棵树的成长。如果场地受限，也可以选择盆栽来代替。

帮助他人　在孩子生日那天，可以和孩子一起收拾自己的衣服、玩具，把那些穿不了的衣服、不玩的玩具进行整理，并将它们捐给困难地区的孩子。既让孩子感受到了自己的成长，又让孩子学会与人为善，让孩子的生日变得更加有意义。

3. 好玩又有趣的中秋节

中秋节与端午节、清明节、春节并称为中国的四大传统节日。中秋这一天月亮满圆，象征着团圆，因而中秋节又被称为团圆节。人们通过中秋这一节日来寄托自己思念家乡、思念亲人的情感，家人幸福、团圆是中秋永恒的主题。

对3岁的孩子而言，玩仍然是最重要的事情。因而，父母在陪孩子庆祝中秋节时，同样要让孩子能够快乐玩耍。当然，你也要让孩子知道这一天是与众不同的，这一天的玩耍也与平时不同。你可以结合我们的传统习俗，为孩子设置一些中秋的“专属活动”，这些一定会大受孩子的欢迎。放下你的工作，轻松地陪孩子过节，你的全身心参与就是中秋节的意义，孩子也会从这个节日中感受到家人团聚的温情和幸福。

美丽的中秋故事

听故事是孩子最喜欢的事情之一，遥远的神话故事更是充满神秘色彩，极其吸引孩子。中秋节有很多美丽的神话故事，如嫦娥奔月、吴刚折桂、玉兔捣药、唐玄宗与“霓裳羽衣曲”的故事、月饼起义等。你可以选择在赏月的时候，给孩子讲嫦娥奔月的故事；可以先让孩子看着天上的月亮，找一找月亮里有什么，然后给孩子讲吴刚折桂的故事。孩子会很乐意去探索月亮里的奥秘。孩子上幼儿园后，幼儿园里的老师们一般会在中秋的前一个星期给他们讲有关中秋的故事。这时，你不妨邀请孩子来讲一讲在幼儿园里听到的故事，孩子会很高兴地和你分享。

小贴士　中秋节的故事——嫦娥奔月

相传很久以前，后羿到山中狩猎的时候，在一棵月桂树下遇到嫦娥，二人便以月桂树为媒，结为夫妻。

有一次，后羿到山里去寻友访道，看见西王母路过此地，向西王母求到一包不死药。回到家后，后羿舍不得撇下妻子嫦娥，就暂时把不死药交给嫦娥保管。但这正好被徒弟逢蒙看到了，逢蒙就起了坏心眼。

一天，后羿准备带着逢蒙去打猎，逢蒙假装生病，留了下来。后羿一走，逢蒙就拿着宝刀闯进房间里逼嫦娥交出不死药，嫦娥没有办法，为了不让不死药落入坏人手中，她把不死药一口吞了下去。然后嫦娥便离开地面，飞了起来。因为嫦娥心里牵挂着丈夫，所以嫦娥飞到最近的月亮上的广寒宫成了仙。

然而，广寒宫里没有亲人，没有欢笑，只有捣药的玉兔和那总在砍着桂树却总也砍不倒的吴刚相伴。

后羿听说嫦娥奔月之后很伤心。月母为二人的真诚所感动，于

是允许嫦娥每年在八月月圆之日下界与后羿在月桂树下相会。据说民间有好多人都曾经听到后羿与嫦娥在月桂树下窃窃私语呢！

做月饼

能亲手做月饼是比吃月饼更让人兴奋的一件事，但用面粉做月饼对 3 岁的孩子来说仍是一个大工程。你可以选择其他操作性更强的材料来代替面粉，如超轻黏土，让孩子体验一回如何做月饼。你可以给孩子准备好各种形状的月饼模具，然后引导孩子将超轻黏土放置于模具之中，压出月饼的图案。另外，还可以准备一包小牙签，孩子可以用牙签在月饼上加工花纹。瞧，即使不用面粉，也可以做出可爱的月饼呢！中秋节，不仅要吃月饼，也可以动手做月饼，真开心！

共进晚餐

中秋是团圆的节日。这一天，可以邀请亲人来家共进晚餐。打电话邀请的事情可以让孩子来做，你可以先给孩子做一个示范，让孩子明白该怎么发出邀请，然后帮孩子拨好号码，由他来邀请。孩子往往会很乐意打电话，长辈的表扬会让他获得满满的自豪感和成就感。亲戚到家后，尝试让孩子像个小主人那样做些简单的招待工作，如可以让孩子去开门，欢迎客人，并将他们迎到客厅里入座，给客人们端水果，等等。记住，给孩子分配的任务一定是他可胜任的。如果条件允许的话，可以将桌子搬至庭院，一边赏月，一边享用美食，共享亲人团聚的快乐。

赏月，吃月饼

吃完大餐，家人可以坐在一起赏月。赏月的时候，除了给孩子讲故事，你也可以带着孩子一起念儿歌、读古诗和做游戏。如和孩子一起念儿歌“月亮姑姑跟我走，我快走她快走，我慢走她慢走，我停下她不走，跟在别人后面走，我说月亮羞羞羞”，你可以鼓励孩子一边念着儿歌，一边试着快走和慢走，看看是不是月亮在跟着走。孩子一定会觉得非常有趣。

过中秋节怎么能少了吃月饼呢？吃月饼前，可由孩子来切月饼，分发月饼。把如此重要的事情交给孩子去做，他会因你的信任而欣喜，也会为自己的表现而自豪。同时，你也让孩子学会了分享。需要提醒的是，月饼是高糖、高脂、高热量的食物，三四岁的孩子要少量食用，切不可因孩子喜欢吃，而纵容孩子过量食用。过量食用可能会导致消化不良、腹胀、腹泻等问题。

小贴士　中秋节小游戏

找月亮

看完这个游戏的名字，你一定会很好奇，中秋的月亮只有一个，不就挂在天上吗？哪还需要找？孩子一定也会和你一样好奇。这时候，你可以端出一碗水，让月亮倒映在水里，是不是又有一个月亮呢？也可以拿出一面镜子，月亮也会在镜子里……你可以和孩子一起动脑筋来找出更多的月亮。

踩影子

中秋月圆，月光皎洁，你可以和孩子一起玩踩影子的游戏。当裁判喊出开始后，你和孩子分别去踩对方的影子，谁先踩到谁就赢，输的人要表演一个节目。

4. 感恩母亲

母亲节是一个感恩母亲的节日。这个节日的传统起源于古希腊，而现代的母亲节起源于美国，是每年 5 月的第二个星期日。在这一天到来之际，爸爸可以与孩子一起准备，给妈妈过一个充满爱意的节日。

给妈妈准备礼物

给妈妈过节，当然要给妈妈准备一份礼物喽。爸爸可以提前和孩子一起商量给妈妈准备礼物，前提是这份礼物必须包含满满的心意。自己动手制作的礼物要比买的礼物更有新意哦！爸爸可以给孩子出点子，但必须由孩子自己来完成。可以给妈妈画一幅画，送给妈妈；或者给妈妈串一个幸运手串，让好运常伴妈妈。

和爸爸一起，帮妈妈干一天的家务活

母亲节当天，爸爸可以带领孩子帮妈妈干一天的家务活，让妈妈休息。通过帮妈妈干活，来体验妈妈日常的辛苦。妈妈在这一天里大可以乐享其成，让父子俩去劳作。

对妈妈说一句温暖的话

中国人不善于用语言表达爱，认为太肉麻。其实表达爱也是必要的社会交往能力，我们需要表达自己的内心情感。在母亲节这天，爸爸可以鼓励孩子向妈妈表达自己的爱。可以在早上起床的时候，也可以在晚上睡觉前，对妈妈说上一句温暖的话，表达对母亲的爱。这句话可以是："妈妈，你辛苦了""妈妈，我爱你"，又或者是"妈妈，你很漂亮"等。

做一件让妈妈开心的事

爸爸可以和孩子一起约定做一件让妈妈开心的事情，要妈妈笑才算数。如孩子可以为妈妈唱一首歌，朗诵一首在幼儿园学会的儿歌，或者和爸爸一起表演一个搞笑的节目。

回顾与思考

1. 在你们家，最重要的节日是什么？你们是怎么度过的？

2. 你是如何给孩子过生日的？

3. 如果你是妈妈，你期待母亲节怎样度过？如果你是爸爸，你会和孩子一起为妈妈准备什么礼物呢？

8

第八章　长情而优质的陪伴

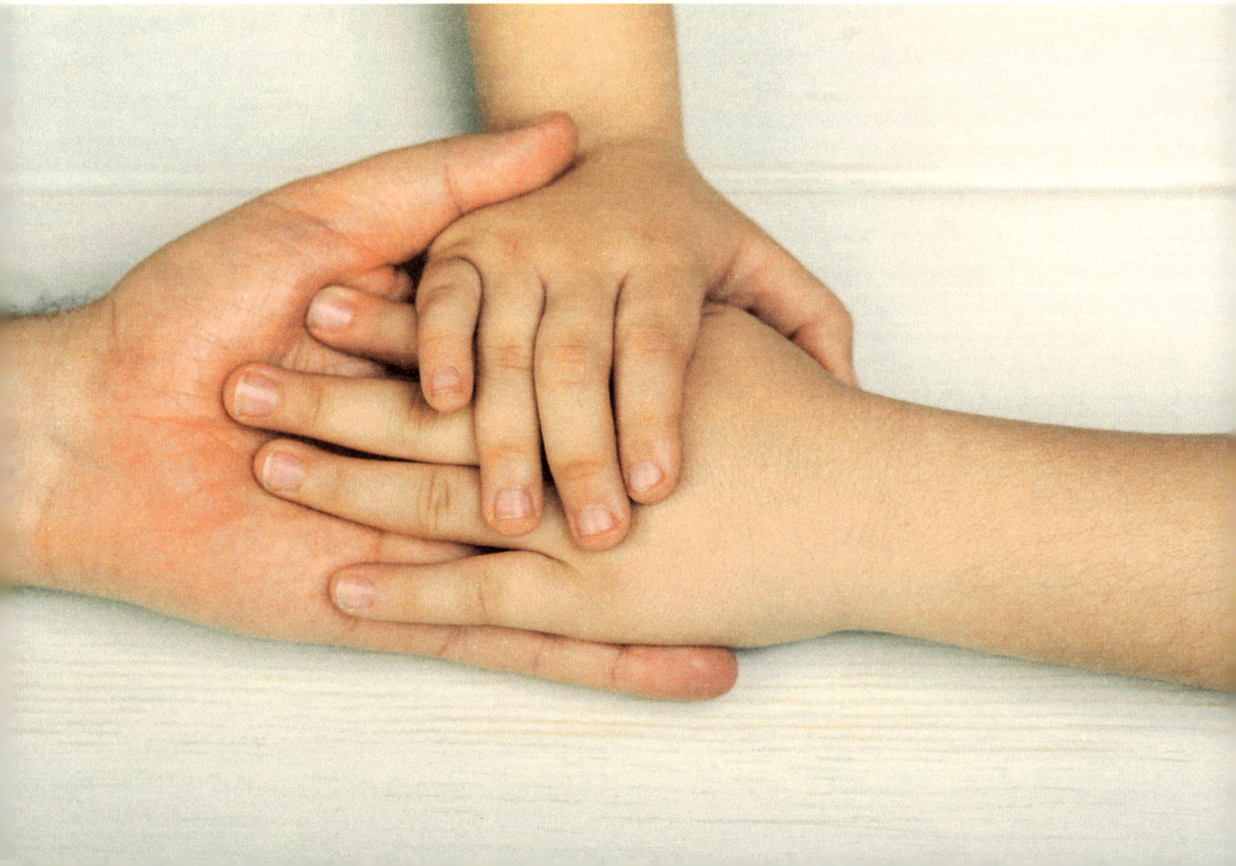

1. 陪伴要重质量

3 岁后的孩子会干很多事情了，他会自己吃饭、穿衣服，会有自己的主意，最重要的是，他马上要上幼儿园了，父母不再是他生命的全部。

但即便如此，3 岁的孩子还是离不开你，甚至比之前更黏你。他虽然有了一定的自理能力，但对世界越来越好奇，有无数的为什么需要你耐心回答；他情绪多变，甚至喜欢跟你对着干。养育一个 3 岁的孩子，考验的不仅是父母的体力，更需要父母付出“脑力”。3 岁之后的孩子不需要你时时刻刻的陪伴，但是对父母陪伴的质量却提出了更高的要求。那么，我们应该如何提高陪伴的质量呢？

制订陪伴计划

3 岁的孩子即将上幼儿园，进入一个新的环境，他们可能会焦虑、不安，可能表现得比往常更黏你。这时候，你的陪伴可以让他们更加安心，更有安全感，也能帮助他们更快地适应幼儿园生活。每个家庭的情况不同，你可以根据自己的实际情况，制订一份陪伴孩子的时间计划，确保每日或每周陪伴孩子的时间。如果你实在抽不出大段时间陪孩子的话，巧妙利用碎片时间也是不错的选择。如晚饭时间，在这一段时间放下你的手机，和孩子交流下他在幼儿园发生的事情，谈谈他的新朋友、新老师，他会非常乐意和你分享。

认真倾听、积极回应孩子的心声

孩子跟你说话的时候，要认真听，并试着去理解他。当孩子兴冲冲地跑到你的面前告诉你他今天获得了老师的奖励，请蹲下来，告诉他："宝贝，你真棒，我为你骄傲！"在他因为搭好的积木城堡倒塌了而难过的时候，请给他一个温暖的拥抱，告诉他："城堡垮了妈妈也很难过，要不我们一起重新搭建一座更漂亮的城堡，好吗？"你的倾听和回应会让孩子更愿意与你分享他的情绪，能让孩子感受到你的爱。

创造条件与孩子进行积极互动

积极的互动可以提升陪伴的质量，你可以创造各种机会与孩子进行积极的互动。你可以参与到孩子的游戏当中，与他一起制定游戏规则，并在游戏中扮演角色，与孩子一起笑；也可以陪伴孩子一起阅读，讨论故事情节以及故事主人公的情感。3 岁的孩子喜欢听故事，你可以每天抽出一定的时间，如睡前时间，给孩子读故事。你可以根据他们的喜好，挑选他们喜欢的书来读。

父亲的陪伴很重要

在传统观念中，男主外女主内，父亲负责赚钱养家糊口，母亲负责照看孩子，料理家务。这种传统观念根深蒂固，很多家庭保留着这种不平衡的分工。很多父亲把大量的时间和精力用于工作，他们认为拥有好的物质条件，孩子自然可以进更好的学校，接受更好的教育，自己陪不陪孩子并不重要。这是非常错误的观念，父亲的陪伴对孩子的成长至关重要。正如德国教育家弗洛姆所说，父亲代表着人类存在的另一极，是思想的世界，科学技术的世界，法律和秩序的世界，阅历和冒险的世界。父亲是孩子的导师之一，他指给孩子通向世界的路。

2. 爱他就陪他做游戏

孩子天生喜欢游戏，游戏让他们得到了快乐，也收获了成长。

3 岁孩子开始不再局限于一个人玩游戏，他们希望和他人一起玩耍，和小朋友玩，和父母玩。如果你不知道如何去陪伴孩子，那么你就利用孩子这一特点，爱他就陪他一起做游戏吧！

角色游戏

3 岁孩子特别喜欢玩“我来当爸爸”“我来当妈妈”“我来当老师”等各种角色游戏。角色游戏或者说假装游戏能够帮助 3 岁孩子培养规则意识，促进语言的发展。更重要的是，对普遍缺乏玩伴的孩子而言，通过角色游戏，他能理解社会分工、合作等社会行为，练习社交技能；孩子通过游戏会表达内心最真实的感受和想法。如果能进入孩子的游戏世界，你会发现自己更了解孩子。

游戏目标：帮助孩子克服上幼儿园的恐惧，喜欢上幼儿园；学会和他人打招呼。

游戏道具：幼儿园图标、小书包。

游戏玩法：由妈妈扮演小朋友，爸爸扮演幼儿园老师，孩子扮演大人。“小朋友”到了要上幼儿园的时候，就哭着说：“妈妈，我不要去幼儿园，我不要去……”“大人”这时候要想办法带“小朋友”到幼儿园去。到了幼儿园门口，“幼儿园老师”向“小朋友”打招呼，“小朋友”向“老师”打招呼。

结构游戏

结构游戏是孩子运用各种结构材料来搭建物体的一种游戏。你可以为孩子准备雪花片、积木、积塑等专门的结构材料，也可以带孩子去大自然中玩沙、玩雪、玩泥巴（没有什么玩具比一堆沙石更能吸引孩子了）。这里需要提醒父母的是：不要过于追求搭建物体的相似程度，重要的是在搭建的过程中孩子能感受到物体形状和空间的变化。

游戏——搭建城堡

游戏目标：培养孩子的想象力和创造力；锻炼孩子的动手能力。

游戏道具：沙子。

游戏玩法：爸爸假装是国王，国王马上要过生日了，他决定修建一座新的城堡。于是，他在全国颁发命令，谁造的宫殿最美，他就送给那个人一份最美好的礼物。妈妈和孩子假装是应聘的工匠，他们分别用沙子搭建城堡。最后由国王评选出最美的城堡。

规则游戏

规则游戏是以规则为中心的游戏，一般有明确的游戏任务，有规定的玩法以及明确的游戏结果。规则游戏也是孩子最喜欢的游戏之一。和孩子玩规则游戏之前，一定要和孩子讲明白游戏规则。由于 3 岁孩子对语言的理解能力还不是很强，你在讲解规则的时候语速要放慢一些，尽量用孩子听得懂的话来说。必要的话，你也可以演练一遍，帮助孩子掌握游戏规则。除此之外，你不妨多给些机会让孩子赢，3 岁的小不点已经懂得赢了比赛是一件很光荣的事。

游戏——揪尾巴

游戏目标：锻炼孩子的反应力和动作的灵敏性。

游戏道具：彩带。

游戏玩法：父母和孩子各自将带子的三分之一塞进裤腰里，剩下的部分露在外面当作“尾巴”。父母和孩子面对面站立，彼此间保持一些距离，同时喊口令“开始”后，就开始左右挪动和闪躲，相互揪尾巴。谁的尾巴被揪掉则为输。

3. 走，一起去郊游

小宝贝已经 3 岁啦，变得更加敏捷，动作越来越协调，他喜欢跑、喜欢跳，还喜欢“搞破坏”，有着旺盛的精力。小小的家并不能满足孩子的探索欲望，若有机会，请带孩子走进大自然吧！大自然能给小家伙足够大的跑跳空间和探索空间，也能让全家人都得到很好的放松。

当然，在郊游之前，下面的一些注意事项父母要提前知道啦。

注意安全

无论如何，确保孩子的安全是父母带孩子进行野外郊游的首要原则。除了细心的陪护之外，在陪同孩子外出郊游时，父母也可以通过绘本、故事等形式提前让小家伙了解、掌握一些基本的安全常识。如不到深水的地方玩耍，不在父母视线之外的地方玩耍，不独自去危险的地方，等等。

根据时节安排野外郊游

一年四季更替，不同时节的景致也完全不同。父母可根据四季变化安排出游，让孩子感受大自然的神奇，同时也满足他们强烈的好奇心。春天百花齐放，生机盎然，父母可以带着孩子去公园看花开，听鸟叫，观察种子破土而出的生命气息；炎炎夏日，父母可带着孩子去登山，感恩大树为人类送来丝丝清凉，带孩子去海边，听海浪翻滚的声音，感受找贝壳、抓螃蟹的快乐；金秋十月，带上孩子回到乡间，摘果子，割稻子，在劳作中感受丰收的喜悦，或带孩子漫步林间，感受树叶变化之美；冬天，带上孩子一起去观雪，看冰雕，滑雪，打雪仗，简单而快乐。

给予孩子充分的自由

很多父母带着孩子外出游玩，总是担心孩子会不会生病，衣服会不会弄脏等，这些担心成了孩子的枷锁，孩子这个不能做，那个不能玩，只能乖乖地待在父母的身边，这样虽不会让父母有任何的担心，可是这样的出游对孩子又有什么意义呢？因而，在外出游玩时，在保证孩子安全的前提下，父母要给予孩子充分的自由，放手让他们尽情地在自然中玩耍。

外出野餐

活动准备

如果你决定带孩子外出野餐，在这之前，要做好准备，包括经济的预算、所需用品的准备、活动内容的准备。做好一切准备，才能让野餐活动变得更加充实、更有意义。

经济准备——父母在出发前就对可能会遇到的花费进行预算，做到心中有数。对孩子而言，只要有你们的相伴，并不需要去很昂贵的地方，一样会让他们开心。你可以选个周末带孩子去公园、森林玩耍，一般花费都不会很高。

物品的准备——在出游之前，父母要为外出野餐准备相应的一些物品，如野餐的桌布、玩具等，当然，防晒物品以及一些防蚊虫药水等也是必要的。

食物准备——外出野餐，精心准备的食物就是很重要的内容啦。妈妈（或爸爸）可以提前为一家人准备好食物，包括小点心、水果和主食，还有水和饮料。用新鲜的蔬菜和水果榨汁当饮料，既美味又营养。可以制作各种造型的饭团，或者用面包片制作三明治等作为主食。妈妈（或爸爸）在准备美食的时候，可以对食物进行搭配，根据家人、孩子的口味来准备；妈妈也可以尝试为食物做些造型，让食物看起来更诱人。

活动内容

享受美食——有了精心准备的美食，让一家人在玩耍的同时，也能一起度过共享美食的欢乐时光。父母可以准备一张颜色鲜艳的餐布，餐布的颜色也可以结合季节的变化来选择，这样更能增加进餐的乐趣。

亲子游戏——带孩子去野餐时，除了让孩子欣赏大自然的美景外，也是父母和孩子亲子互动的大好时机。父母可以好好地利用这个机会，与宝贝们一起游戏，增进亲子感情。3 岁的小家伙比较喜欢跑跳的一些游戏，比如老鹰抓小鸡。妈妈可扮演母鸡，爸爸扮演老鹰，孩子扮演小鸡，由老鹰来抓小鸡，在抓、跑的过程，既让孩子享受了游戏带来的刺激和快乐，也让孩子感受到父母浓浓的爱。也可以带上皮球，与孩子一起玩踢球的游戏。

露营

露营对于孩子而言，是一件极具刺激、有趣的事情，受到孩子们尤其是男孩子的喜欢。父母可以利用周末时间，找一个公园或者露营场所，带上孩子一起在外露营一个晚上，让孩子真正和自然接触。在选择露营场地的时候，一定要注意考察周边环境的安全，确保万无一失。

活动准备

前期准备——父母要提前考察好露营的地方，确保周边环境安全。比如是否有野兽，附近是否有较深的水域等，做好安全防范。也可以提前了解周边的相关设施，如果周边缺乏相关的生活设施，可提前准备好可能需要的东西。

物品准备——父母要准备好帐篷、布袋以及一些厚衣服，以免因昼夜温差大而导致孩子感冒。在野外露宿，也要带好手电筒、充电器、防蚊虫药水等。当然，还要带上一两件孩子换洗的衣服，以应对孩子因顽皮弄脏衣服的情况。在野外孩子也有可能发生一些磕磕碰碰，因而，带上一个小药箱可以有备无患。

活动内容

搭建帐篷——到达目的地后，父母可与孩子一起搭建帐篷，锻炼孩子的动手能力。到达事先选定的地方后，取出支架、帐篷，让孩子帮忙将帐篷弄整齐，父亲将支架连接起来，穿入帐篷，像变魔术一样，搭出小房子。

外出探险——探险是孩子最喜欢做的事情之一，父母可任由孩子在草坪上抓蝴蝶，观察小蚂蚁，去采摘小野花，去发现小鸟，等等。需要注意的是，必须保证孩子在你的可视范围之内。父母也可以和孩子一起去探秘大自然，如一起去探秘山洞，去山洞寻找“宝藏”，这些“宝藏”可以是野花、没见过的小草，也可以是石头。父母还可以带着孩子一起去小水洼抓小螃蟹、摸小螺蛳等。

篝火晚会——夜幕降临前，一家人可以一同去森林拾些干树枝，举办一个小小的篝火晚会。家人围坐在篝火前，父母可以给孩子讲一些有关森林的小故事，如《三只小猪》《小红帽》等；也可以邀请孩子表演小节目，或者全家一起唱歌。如果恰好天气晴朗，与孩子一起观看月亮和星星也是一个不错的选择。

夜宿野外——在外夜宿对孩子来说是一件极具刺激的事情，尤其是对还只有 3 岁的小家伙而言，有可能是他第一次夜宿野外。3 岁的孩子想象力丰富，会想象各种各样的场景画面，森林里的精灵、公主、巫师……有一些恐惧，又有一些兴奋，最终在倦意下沉沉入睡。相信这将会是孩子难忘的一次经历。

4. 陪孩子一起读书

艾米丽·布赫瓦尔德说："孩子们是在自己父母的膝头上爱上阅读的。"你希冀孩子能够爱上阅读，养成良好的阅读习惯，那么，作为父母，你要做的就是放下你的手机，和孩子一起走进阅读的世界。

选对书是孩子爱上阅读的第一步

有些父母会说不管什么书，只要买给孩子总归是有好处的。这个观点其实是不成立的，给孩子不合适的书有时会带来反作用，会破坏孩子对书的兴趣和热爱。如果一开始就让孩子对图书产生"不好玩"这样的印象，就很难让孩子真正地爱上阅读。所以，给孩子选对书很重要。对 3 岁孩子来说，什么样的书才是对的书呢？

适合孩子年龄特点的书

3 岁孩子不再是安静的小绵羊了，他们喜欢探索。世界对孩子来说是那么新奇，那么具有吸引力。你可以为孩子准备一些情节简单、容易引起孩子情感体验的冒险类书籍。如《雪人出逃记》：勇敢的小雪人乘着一块浮冰，沿着河流开始了远航，穿过田野、森林、城市、村庄，最终到达了他所向往的目的地——北极熊生活的地方。《不一样的卡梅拉》之《我想去看海》，讲述的是小卡梅拉厌倦了下蛋，想去看海，并勇敢地踏上了看海的旅途。还有《第一次上街买东西》，讲述了小美伊第一次上街帮妈妈买牛奶，心情既激动又紧张，在路上还遇到各种事情。

3 岁的孩子能够用剪刀进行剪、贴，也能完成撕、粘的动作，有些孩子已经会简单的数数等。你可以为孩子提供一些能力体验类的书籍，如手工书："小企鹅宝宝最爱系列·手工大王"丛书，包括恐龙、兵器、建筑、交通工具、动物和玩具六种手工系列，孩子可以通过撕、折、粘贴，做出立体图形；"慧心巧手游戏书"丛书，包括洞洞穿绳、形状拼图、形状粘贴、首饰串珠等，可以锻炼孩子的动手能力。数数书："好玩的数学绘本"系列之《我和 123》，让孩子感受生活中的数字；《小鬼加布》，让孩子学会分类；《9 只小猫呼呼呼》，让孩子在快乐阅读中体会数的概念。

3 岁孩子渴望交朋友，但是又容易和小伙伴发生冲突。你可以为孩子挑选以社会交往为主题的绘本，如《做朋友吧》，让孩子学会如何发起交往；《彩虹色的花》，让孩子学会如何帮助他人，感受帮助他人的快乐；《月亮是谁的》，让孩子学会分享；《两个好朋友》，让孩子学会接纳好朋友的不一样。

3 岁孩子理解情绪的能力有了提高，但对情绪的调节能力仍较差。你可以给孩子的书单上添加一些有关"情绪管理"的绘本，如《菲菲生气了》《生气的亚瑟》《你从哪颗星星来》等。

与孩子当下的兴趣爱好相关的书

3 岁的孩子会喜欢某一类型的书籍，如男孩可能会喜欢汽车类、恐龙类的图书，女孩可能更喜欢公主、仙女一类的图书。你可以为男孩准备宫西达也的恐龙系列丛书，为女孩准备《公主的月亮》《驴皮公主》等书，肯定会受到他们的欢迎。

三四岁的孩子喜欢看动画片，会喜欢上动画片中的某一人物，他们会希望拥有和这一动画片、这一人物相关的东西，并以拥有而自豪。你可以根据孩子这一特点，去找找和这部动画片、这个人物相关的书籍，购买回来作为礼物送给孩子，相信孩子一定会对这份礼物爱不释手。

与孩子生活相关的书

3 岁的孩子会将图书的内容和自己的生活经验联系起来，并从中获得角色认同。因而，你可以根据孩子的生活经验选择相关图书。如孩子害怕看医生，可以为他准备绘本《第五个》，紧张刺激的故事情节、美好的结局会让孩子对医生有不一样的看法。孩子要去上幼儿园了，但第一次离开家去幼儿园总是充满担心。你可以为他准备一些有关入园适应的书籍，帮助他缓解紧张感。《我好担心》《我爱幼儿园》《阿文的小毯子》《魔法亲亲》等都是非常值得推荐的绘本，它们可以帮助孩子更好、更快地适应幼儿园生活。

爱上与你一起阅读的快乐

要让孩子喜欢上阅读，不仅要选对书，更重要的是要关注共读的过程。也许你讲故事的声音没有月亮姐姐那么好听，但是没关系，孩子最喜欢的就是依偎在你身边，和你一起一页一页地翻开书，听你慢慢讲述书中的故事。

书，这样读更有趣

你会发现，要3岁的小家伙安安静静地坐着看书简直是不可能的事，他们集中注意力的时间是那么短，拿起书不到几分钟就被周围的声响、玩具给吸引住了。那是因为书还不是那么吸引他。因而，我们需要掌握一些让读书变得更有趣的小窍门。

用有趣的声音吸引孩子。有趣的声音可以很快吸引孩子的注意力，帮助孩子更快进入故事情境中。因而，你给孩子读书的时候，不妨让自己的声音变得有趣起来。有趣的声音不是一成不变的，是有快慢节奏的，是有升降调的。你可以模仿故事中的不同角色，给他们配上不同的声音，根据他们的不同情感，赋予不同的音调。

用夸张的动作增加读书的乐趣。如果你觉得自己的朗读水平并不是那么高，不要灰心，夸张的动作可以弥补这一缺陷。如在给孩子读《我想去看海》时，当读到“下蛋，下蛋，总是下蛋！生活中应该有更好玩儿的事去做……”，你不妨皱着眉头，提高音量，在屋子里一边走，一边架着两只手臂，假装是两只翅膀，上下挥动，做出母鸡下蛋的动作。

演绎，让幻想遇见现实。亲子共读，除了与孩子共“读”一本书，还可以和孩子共同演绎书中的情景，让幻想遇见现实，将书籍的魅力延续到生活中。孩子通过演绎，对书的领会更深入，感受也会更真切。在演绎的过程中，孩子也收获了与你在一起的快乐。如和孩子一起读《做朋友吧》，你可以和孩子一起来演一演。通过演绎，孩子懂得了如何去做一个受人欢迎的“朋友”，在他即将进入的幼儿园生活中再遇到交友失败的问题时也能更从容地面对。

让书走进生活。如果说演绎可以让书与孩子的生活相联系，那么我们也可以直接让书走进生活。走进生活的书才是活的书，才能让孩子感受到它的生命力。如和孩子一起读完《雪人》这本书后，可以带孩子一起去野外堆雪人。又如读《鳄鱼怕怕牙医怕怕》时，可以带孩子一起去牙科诊所，请牙医给他检查牙齿，观察牙医的工具，孩子一定会更能体会鳄鱼怕怕的心情，离开的时候也会和鳄鱼先生一样想："再见了，希望下次不要来了""所以我一定不要忘记刷牙"。

读书是一种享受

现在越来越多的父母开始重视读书，但有些父母一不小心使"读书"变成了孩子的紧箍咒。读书固然很有意义，但是父母更要意识到：读书本该是一件快乐的事情。如果3岁的孩子还不能体验到这份快乐，不要着急，慢一点，再慢一点，终有一天，他会发现阅读的快乐。

拥抱让阅读多份温暖。3岁的孩子渴望并喜欢和父母有身体的亲密接触，这会让他们感觉到温暖、安全。和孩子一起读书时，你会发现他喜欢黏着你，依靠着你。这时候，你可以让他坐在你的大腿上，或者抱着他一起来翻看图书。这样的读书更有温度，大大缩减了你和孩子之间的距离，有利于你和孩子之间良好亲子关系的建立。

少些规矩，多些轻松。和3岁的孩子一起阅读时，不需要制定太多的"规矩"，如强调孩子要安分地坐着。这样的"规矩"会让他觉得有压力。时间一长，他们会本能地抗拒阅读。这与阅读要带给孩子轻松、愉悦的感受是相违背的。你可以允许孩子以他喜欢的姿势来看书，你也可以允许孩子和你一起读书时，手里可以拿着其他东西，你只需要保证孩子的眼睛是在书本上，他的小耳朵是在听你读书就够了。当然，对陪孩子读书的你来说，你也要让自己放松一些，什么事都不想，以最舒适、愉悦的状态陪孩子读书。

读得慢一点。在快节奏的生活中，最难做到的就是慢。慢读有利于孩子对故事信息的接收、处理，也让孩子有充分的时间，去寻找书中的小秘密。他可以在你停顿的时候，去画面中寻找故事线索，发挥自己的想象续编故事。不要过于纠结给孩子读过多少本书，只要孩子心里撒上了阅读的种子，你就不用担心，这颗种子总有一天会生根发芽，长成大树的。

回顾与思考

1. 你每天大概花多长时间陪伴孩子？

2. 在你看来，什么是高质量的陪伴？

3. 你会带孩子出去郊游、露营吗？出去玩之前要做好哪些准备工作？

4. 你是如何给孩子选购图书的？

5. 你的孩子喜欢读书吗？在陪孩子读书这件事情上，你还有哪些困惑？

9

第九章　父母做对了，孩子才会对

1. 怎么说，孩子才会听

3 岁的诺诺很调皮，不听话，在家玩玩具的时候，总是喜欢把玩具撒得到处都是。妈妈对他说："诺诺，玩具怎么又弄得到处都是呢？玩具要放好，真不乖。"在野外郊游时，诺诺到处跑，妈妈对他说："诺诺，不要跑得那么快，小心摔跤。"和其他小朋友一起玩的时候，诺诺又抢了其他小孩的玩具，还抓伤了小朋友。妈妈气不打一处来："你怎么又抢其他小朋友的玩具了？看我怎么收拾你。"骂也骂了，道理也讲了，诺诺还是很不听话。

相信这样的场景在很多 3 岁孩子的家庭中都会出现，面对一个 3 岁的熊孩子，很多父母都表示无计可施："无论我怎么说，孩子都不听。"是时候认真考虑这个问题了：为什么孩子不听你的话？通往孩子心里的说话方式是不是另有途径呢？

说孩子听得懂的话

你可能已经意识到打骂孩子是不利于孩子身心健康发展的，于是你选择更加民主的方式——和孩子讲道理。但很快你会发现大部分时间和孩子讲道理简直是对牛弹琴，孩子根本就不理会。实际上，问题并不是孩子听不进去道理，而是他们听不懂大人口中的大道理。父母要用恰当的语言和孩子讲道理，说孩子听得懂的话，讲孩子听得懂的道理。

语言形象生动

3 岁孩子处于直觉思维阶段，他们更多依赖生动、鲜明的形象来认识和理解事物。父母在和孩子沟通的时候，可以多用形象生动、充满想象力的语言。孩子既听得懂又爱听这样的道理：

一天，小袋鼠很开心地吃着蘑菇，很快大个的都被吃光了。小袋鼠嚷嚷道："我要吃大蘑菇。"袋鼠妈妈说："没有了，吃小的吧。"小袋鼠立刻不高兴了："我要吃大的。"袋鼠妈妈说："大的是蘑菇妈妈，小的是蘑菇宝宝，蘑菇妈妈正在你肚子里等蘑菇宝宝进来呢，快吃小的吧！"小袋鼠马上说："肚子是它们的家。"赶紧把小蘑菇都吃了。（选自《爱和陪伴　乐活派妈妈的"慢"教养》）

看完袋鼠妈妈的做法，你是不是也被她的语言所吸引呢？这样的语言幽默生动，想象力丰富。孩子在听的时候，脑子里会浮现蘑菇妈妈在等蘑菇宝宝的画面，他们会很容易接受妈妈的建议——不能让蘑菇妈妈等蘑菇宝宝太久。同样，如果孩子因为玩玩具不愿意去睡觉，你可以告诉他：时间已经很晚了，玩具朋友都要下班了，他们要早点回家休息，休息好了第二天才能更好地陪宝宝一起玩。这比重复的催促有效多了，也有趣多了。

多用描述性的语言

“你怎么那么不乖，又把玩具丢得到处都是。”“我已经和你说过多少次了，饭前要先洗手，为什么你就记不住呢？”……这样的话并不陌生，很多父母在面对熊孩子时会脱口而出。我们来猜想此时孩子内心的想法会是怎样的：“妈妈每次都会这样讲，我就不听”“我就是不乖”……再来思考一下我们的话，我们的话里有怒火、有指责，孩子虽然年幼，但对这样的话仍是抵触的。遇到这样的问题时，你可以尝试多用描述性的语言来代替，如“宝贝，我看见你的玩具到处都是”“你忘记饭前要洗手了”，听到这样的话，孩子会很快发现自己的问题，更愿意去纠正自己的行为。

说出你的感受

有些父母担心说出自己的感受会降低自己在孩子心中的威信，孩子也未必会体谅。其实，告诉孩子你的感受并不会降低你在孩子心中的威信，相反，孩子可能会更亲近你，他们会觉得原来大人和小孩一样都会生气、不开心。3 岁的孩子已经能够理解他人的情绪，且有很好的移情能力。孩子是可以理解你的感受的。

孩子：把这个垃圾扔掉。

父母：你的这句话很没有礼貌，我不喜欢听这样的话，我想听到的是“爸爸，你能不能帮我扔一下垃圾？”。

这样的回应既表达了自己的感受，让孩子懂得了原来这种方式是别人不喜欢的，是没有礼貌的，他们也学会了如何礼貌地请他人帮忙。

积极的语言更有效

父母在和孩子沟通的过程中要多用积极、正面的语言来引导孩子，积极的语言会让孩子更加自信，也能更好地引导孩子的行为。

多赞赏，赞赏要有方

孩子和我们成人一样，喜欢听赞美、表扬的话。需要注意的是，父母对孩子的表扬和鼓励不要成为“无意义”的表扬，如“宝贝你最棒”“我家宝贝真乖”等。这样的表扬多了，孩子也麻木了，对孩子的意义也就不大了。赞赏要有方，最好能结合孩子具体的行为，通过描述他的行为、肯定他所做的努力来进行表扬。如孩子画了一幅不错的画，你可以结合孩子的画来对他进行表扬：“宝贝，你画的这朵小花真好看，是一朵有着五种不同颜色花瓣的花，你是怎么想到的呢？”相信这样的表扬会比“你真棒”更让孩子高兴。他们能感受到父母确实是因为他们做得不错才表扬他们的，他们也会开始真的赞赏自己，变得越来越自信。

多说“你可以……”，少说“不可以……”“不要……”

在教育孩子的过程中，父母常会习惯性地说“你不可以这样做”，而结果却是你越不让孩子这样做，他越要这样做。一方面，“不可以……”勾起了孩子的好奇心，他们想要去尝试。另一方面，3 岁的孩子正处于叛逆期，喜欢和父母对着干。但此时的他们毕竟年幼，对事物缺乏正确的认识，还没有掌握正确解决问题的技能，因而往往会制造很多麻烦。此时与其不让他们去做，不如指导他们如何去做。比如孩子玩完玩具把玩具丢得到处都是，这让父母很头疼，“你不要再把玩具丢得到处都是了”这样的责备往往脱口而出，但这对孩子没有太多效果，有些孩子甚至会故意把玩具弄得到处都是。这时，你不妨对孩子说：“玩具宝宝陪你玩了这么久，它们也累了，你可以把玩具宝宝送回家吗？”这样的话对孩子往往更有成效。

少用反语

虽然 3 岁孩子的词汇量大量增加，但是他们对词义、语义的理解仍在发展中，往往只能理解某个词的某一方面的意思。他们无法理解父母的反话，往往会将父母的反话听成了夸赞，认为父母在肯定他们的行为。如当小孩不小心打碎了一个杯子，你对他说：“你做得可真好啊。”你实际上是说孩子这样做是犯了个大错误，结果孩子却认为你是夸赞他打碎了杯子这一行为。糟糕的是，他可能会选择再次打碎杯子。你可能会再次误会孩子的行为，认为他是故意和你对着干。因而，在和孩子对话时，不要使用反语，语言要清晰、准确、易懂，减少类似的“误会”发生。

2. 怎么听，孩子才会说

和孩子的沟通，除了要掌握说的技巧，同样也需要学会听，倾听也需要掌握技巧。学会了倾听，孩子才能更好地向你敞开心扉，开口对你说。这样，你才能更好地了解孩子的世界。那么，面对3岁的孩子，要怎么听，孩子才会说呢?

全神贯注地听

蓓蓓不开心地走到爸爸的面前，告诉爸爸："爸爸，今天明明在幼儿园又抢我玩具了。"爸爸一边看电视，一边说："哦，是吗？"蓓蓓接着说道："所以，我就去抢他的玩具。爸爸，你在听吗？"爸爸的眼睛仍看着电视："我在听啊，你继续讲，我可以一边看电视一边听。"蓓蓓心情很沮丧地走开了。

这样的情景或许在你和孩子之间也会发生。蓓蓓的爸爸嘴上是说他在听，可是听得心不在焉，孩子是能感受到这种心不在焉的，他们可能会觉得"爸爸根本没在听""爸爸一点也不关心"，这种感受让他们不再愿意向爸爸吐露自己的心声。虽然 3 岁的孩子还很小，但他们也希望获得父母的关注，希望在和你讲话的时候，你能全神贯注地听他说。

蹲下来听孩子说

孩子和成人存在着明显的身高差，这种身高差无形中会给孩子形成一种压迫感，让孩子不敢表达自己的观点。蹲下身来，让孩子看得到你的脸、眼睛，看得到你的表情因他的话而发生的变化，这会让孩子更放松，更愿意去说。对你来说，蹲下来可以让你更亲近孩子，更近距离地了解孩子的所思所想。

倾听孩子的感受

作为父母，倾听孩子不仅要关注孩子说的话，还要去察觉孩子的感受。他们不仅仅只是想告诉你发生的事情，他们也期许你能够理解他们的感受。你需要在听的过程中，捕捉到孩子的感受，并说出孩子的感受，这会让孩子感到安慰，感觉有人能够理解他们内心的感受。

孩子：妈妈，我的玩具被小朋友弄坏了。

妈妈：没事，宝贝，妈妈下次给你买新的。

孩子哭着大声说：不，我不要，我就要那个玩具。

妈妈：不许哭，再哭玩具也坏了，只能买新的了。

确实，玩具坏了只能买新的了，孩子并不是不知道这一事实，只是这时候的他很难过，告诉你是希望你可以理解他的感受。因而，你可以尝试对孩子说："是吗？真没想到，失去心爱的玩具确实是伤心的一件事。"孩子可能接着就会和你讲他和好朋友是怎么一起玩的，又是怎么不小心弄坏了玩具。讲完以后，孩子可能会觉得好多了，不那么难过了。

积极地听

积极地倾听，不仅要用耳朵去听，而且要用心去听，对听的内容有所回应。这样的听才更有效。同时，在倾听孩子的过程中，不要轻易打断孩子，耐心地听孩子讲。

用简单的话来回应

当孩子和你讲他的一些事情的时候，你可以尝试用简单的话来回应，如"哦""嗯""是这样啊"。简单的回应可以让孩子在叙述的过程中，调整自己的思路和情感，在这个过程中有可能就找到了解决的办法。当然，在这个过程中，父母要看着孩子，认真听他说，让他感受到你的关心。否则，简单的话就会变成敷衍的话。如，孩子告诉你"妈妈，我不要去睡午觉"。你可以简单地回答"哦？"，疑惑的语气会让孩子接着往下说："因为我中午睡不着。""嗯。""我昨天在幼儿园里也没睡着，老师让我闭上眼睛安静地躺在床上。"你可以继续回应："是这样啊……"孩子可能会接着说："嗯，今天我也想安静地闭上眼睛躺在床上。"看，孩子在说的过程中，自己就找到了解决的办法。这和你认真听他的话，做的回应息息相关哦。

巧用小表情

当孩子和你沟通的时候，你可以根据孩子说话的内容做出相应的表情，可以适当地夸张一些，他们会感觉到自己的情绪感染了父母，父母很乐意与他们聊天。同样，他们也会觉得和父母聊天是一件很有趣的事情。如当孩子告诉你，昨天晚上他做了个梦，梦见一只大鸟把他叼到厕所里了。你可以张大嘴巴表示惊讶："哇……"你的惊讶会让孩子觉得你对他的梦很感兴趣，他的梦很有趣，这让他很自豪，那么他自然就更有兴趣和你讲下去。

不要轻易打断

在孩子叙述的过程中，不要轻易打断孩子，让他说完。即使孩子说得不对，也要耐心地听完。如果父母轻易打断孩子的话，可能会让孩子觉得父母不喜欢听他们说话，或者认为自己的话不被父母认可，久而久之也就不愿意和父母沟通了。

3. 怎么做，教养孩子更轻松

除了倾听与和孩子好好说话，在教养孩子的过程中，还有哪些小诀窍呢？制定规矩，巧说“不”，是我们给父母的两条重要建议。

家规让教养更轻松

“无规矩不成方圆。”给孩子制定规则，可以帮助父母更从容地应对、解决孩子的教养问题，也有利于规范孩子的行为举止。但立规矩不是一件容易的事情，你将会遭遇孩子的反抗。规矩意味着约束，这对三四岁的孩子来说是很难忍受的，他们会用行动一次次地挑战你制定的“规则”。如当你要求他玩完玩具后把玩具收拾好，他可能会坐下来大哭大闹。有时他也会故意忘记你制定的规则，来试探你的底线，如果你没有什么反应，他则会“得寸进尺”。尤其是当家里来了客人的时候，他会更加“肆无忌惮”，因为他知道你不会当着这么多客人的面惩罚他，即使你要惩罚他，也会有人阻止你。因而，当你决定给孩子立规矩时，就要做好打持久战的准备，要坚持原则，遵守家规，不随意更改。

和孩子一起制定规则

父母在制定规则的时候，可以邀请孩子参与进来。“制定规则”的目的并不是让孩子怕你，而是让孩子明白什么该做，什么不该做。孩子是家庭的一名成员，他有权利参与到制定家庭规则的讨论中。父母在制定规则的时候，也可以听取孩子的意见，并最终由全体家庭成员投票决定。制定好的规则对每一位家庭成员都有约束力，如果有人违反家庭规则，便将面临原定的“惩罚”。需要注意的是，由于孩子的年龄较小，制定的家规不宜太多。一来他们记不住太多的规则，二来太多的规则会给孩子带来强烈的约束感，让他们无所适从。

规则要简单、具体、清晰、明确

3 岁孩子虽然已经掌握了不少的词汇，但对复杂的句子仍无法理解。所以，给孩子制定的规则要简单、具体、清晰、明确。“早上起床后要对爸爸妈妈说‘早上好’”比“做个讲礼貌的孩子”更容易被孩子接受。又如“饭后只能玩一会儿游戏”这样的规则模糊、不清晰，孩子很难理解“一会儿”到底是多久，他们会很迷茫，结果自然很难达到父母预期的效果。

执行规则要坚定

在规则的执行过程中，前两三天孩子可能会因为新奇，很容易配合。时间一长，孩子可能就不干了，你会遭遇到孩子的强烈反抗。他可能大哭大闹，这时候你的内心也是极其崩溃的，怀疑自己是不是做错了，这种方法是不是适合自己的孩子，该不该继续坚持……

因而，这就要求父母在制定规则前，必须明确规则的必要性，坚定这样的规则只要坚持对孩子就是有利的，这可以帮助你坚定立场。当然，孩子的反抗情绪也不能一味地选择忽视，也要适当地安抚。

规则一旦形成，就对家庭中的每个人都有效。如果谁没有做到，就要接受惩罚，即使是大人也不能例外。如晚饭一小时后要看 20 分钟的书，那么，在这 20 分钟里，你也要放下手中的活，拿起书本。你可以选择和孩子共读一本书，也可以选择看自己的书。你的认真遵守会增强孩子的规则意识，保证规则的顺利执行。

发挥父亲的作用

妈妈在孩子面前总是柔情似水的，总是会不忍心惩罚孩子。3 岁的孩子已经懂得抓住妈妈的这一特点，他们知道妈妈总是不忍心惩罚他。而爸爸则不同，他们很有力量，身上透着威严感，常常说一不二、说到做到。孩子天生敬畏父亲，也害怕他，不敢轻易冒险挑战他。我们会发现一些调皮大王敢和妈妈顶嘴，可是在爸爸面前顿时从“龙”变成了“虫”，什么话都不敢说。因而，给孩子制定规则，爸爸要积极参与进来，从而保证规则的有效执行。

巧对孩子说“不”

父母做不到时时刻刻陪在孩子的身边，满足孩子所有的要求，很多时候不得不对孩子说“不”。3 岁的小家伙还不能理解你为什么要说“不”，也不能接受。面对你的“不”，他们很难过，甚至愤怒、嚎啕大哭。他们完全不顾场合，常让你丢尽面子。此时你的内心充满了愤怒，忍不住骂他、打他，不过这样只会让情况更加糟糕。换位思考，如果我们把希望寄托在自己最信任、最爱的那个人身上，结果却迎来他的拒绝，我们的心情也不会很好吧。当然，每一对父母在自己可以满足孩子的前提下，一般是不会拒绝孩子的，拒绝的背后往往有孩子难以理解的原因。那么，当你不得不拒绝孩子时，不妨尝试换种方式说“不”，会收获意外的惊喜哦！

延长满足的时间

对孩子提出的要求，延长满足的时间是你巧说“不”的一种方法。如午餐时，孩子问你：“妈妈，我可不可以玩一会玩具？”你可以告诉他：“可以啊，宝贝，当你自己吃完这碗米饭后，可以玩半个小时的玩具。我们可以拉钩、盖章，谁说谎谁就是小狗。”这样既达到了你不让孩子吃饭时玩玩具的要求，又让孩子能够好好吃饭。

给予选择

我们常会见到这样的情景：妈妈带着孩子逛超市，孩子看中好几件东西要买。妈妈告诉他不行，每次只能买一件东西，可是孩子不管这些，他就要买。妈妈不买，他就不走。妈妈没办法，只好呵斥孩子把东西放回货架，却迎来孩子的嚎啕大哭。

面对这样的情况，聪明的妈妈不妨把选择权还给孩子，告诉孩子由于今天钱没带够，他只能买其中的一件玩具，他必须在喜欢的玩具中做出选择。父母可以在旁引导孩子做出合适的选择，如告诉他“这个玩具家里已经有了，你可以买另一个”，或“这个玩具有翅膀，不正是你最近最想要的玩具吗？”。通过这样的方式，既可以达到父母的目的，又可以减少孩子遭遇拒绝的失落。

描述问题

直接对孩子说“不”，可能会损害孩子的积极性和热情，也会给孩子造成一种错觉——父母就是和他对着干，从而引起他的反抗。他们尖叫、发怒、大哭……由直接描述问题替代“不”，可以让孩子客观地正视问题的所在，自己做出取舍。

孩子：妈妈，我能不能周六去爷爷奶奶家？

父母：宝贝，我很想带你去，但问题是这周六我们已经安排好要去看外婆，或许我们可以安排到下个星期六的计划中。

当孩子明白周六已经安排好了，不能改变了，也就不会有那么大的反抗情绪。

小贴士　与孩子沟通的小技巧

技巧 1：“3——2——1”口令法

“好，现在我要开始倒计时了，3——2——1——”这句话实在是太有用了，它可以让孩子照你说的话快速行动。3 岁的孩子对时间还没有非常清楚的认知，数数比和孩子讲时间要简单得多，它

同样会给孩子造成一种时间紧迫感，要求孩子在具体的时间内完成某个行为。这又像是一个时间竞赛游戏，完成了会获得挑战成功的喜悦。孩子会很喜欢这样的方法。如你想要孩子快点起床的话，不妨使用这种方法："宝贝，接下来妈妈要开始倒数了，我相信我数到1的时候，你肯定会睁开眼睛，并掀开被子。"在数的过程中，你可以根据孩子的表现，故意放慢速度。如果孩子在你规定的时间内完成，他会很开心，而你的目的也轻松地达到了。数数的口令法也可以灵活运用，不仅可以倒着数，从3到1，还可以从1到3，也可以将数字接着往下数，数到10。父母可以根据具体情况去使用。

技巧2：自然后果法

自然后果法，是让孩子体验因自己不当的行为带来的自然后果，从而认识自己行为的不当，并改正这一行为。父母可以巧妙地运用这一方法，规范孩子的行为。比如3岁的孩子不喜欢自己吃饭，总是要妈妈喂。你可以先告知孩子："宝贝，如果你现在不自己吃饭的话，等过了中饭时间，你再饿了，就没有饭吃了。"对常喂饭的孩子来说，他肯定会我行我素，不吃饭。等到他饿了的时候，父母要坚持自己的原则，不能给孩子饭吃，让他亲身体验自己不吃饭的后果。相信孩子下次一定会乖乖吃饭，因为他清楚地知道后果：在饭点时，自己如果不好好吃饭，饭点后肯定会没饭吃，会很饿。

技巧3：暂停法

暂停法，是让孩子回到一个单独的地方，自己先冷静下来。暂停不是惩罚，而是给孩子时间去冷静下来的一种方法。在这段时间他们会更认真地回顾自己的行为，并调整自己的状态。你可以在家里设置一个暂停区，可以在暂停区里放置一把小椅子或一个小坐垫。需要注意的是，当孩子被要求"暂停"，回到暂停区后，你要保证在规定的时间内让孩子独自一个人待着。对3岁的孩子来说，暂停的时间不宜过长，建议在5分钟以内。

回顾与思考

1. 你的孩子做过哪些让你觉得抓狂的事情？当时你是怎么处理的？你觉得有更好的处理办法吗？

2. 你喜欢表扬孩子吗？你一般怎么表扬他？

3. 你会给孩子制定规矩吗？你们家执行规矩的情况怎么样？

4. 本章哪部分内容给你启发最大？请将其标记下来，在自己的育儿过程中尝试一下吧。

10

第 十 章

你问我答

1. 孩子挑食怎么办？

我的孩子不喜欢吃蔬菜，每次给他夹些蔬菜时，他总是露出厌恶的表情："我不要吃，我不要吃。"即使是勉强喂给他吃，他也会吐掉。不吃蔬菜，我很担心他的营养不均衡，还有马上要上幼儿园了，如果还是这么挑食的话，该怎么适应幼儿园生活呢？

孩子 1 岁以后开始对食物产生偏好。3 岁的孩子会更加自我，选择自己喜欢的食物，拒绝自己讨厌的食物，挑食的现象开始显露出来。当你发现孩子出现偏食的现象时，不用过于着急，可以先观察，如果孩子偏食不是很严重的话，顺其自然，孩子对事物的喜好会随着成长、生活发生改变的；如果比较严重的话，你可以尝试以下做法：

控制零食的摄入量。现在的孩子拥有太多的零食，饿了就吃零食，想吃什么家里都有，想什么时候吃都可以。这就使得他们到了吃饭的时候，没有食欲，对食物自然也就开始挑三拣四。因此，你要帮助孩子养成良好的饮食习惯，让孩子少吃零食，尤其是饭前。

做好榜样。父母的食物偏好会影响孩子对食物的爱好。如果你对自己不喜欢的食物很抗拒，那么孩子也可能会拒绝这种食物。因此，在孩子的面前，你要做好榜样，即使是遇到自己很讨厌的食物，也不要把这种讨厌表现出来，而是尝试去接受它。你可以告诉孩子，虽然你不是很喜欢这种食物，但很乐意去尝试。你也可以和孩子一起选定每周的“挑战日”，在这一天中，你们都必须尝试一种自己不爱吃的食物。当孩子主动挑战自己不爱吃的食物时，父母要及时给予表扬。

制作“特别”的食物，增加孩子对食物的兴趣。你可以把食物做成孩子喜欢的卡通形象，摆放出好看的样式，改变食物的呈现方式，吸引孩子。当然，邀请孩子一起动手制作食物也是一种好方法。吃到自己亲手制作出来的食物会增加孩子对食物的兴趣，即使是自己不喜欢的食物他也会愿意去尝一尝。

2. 孩子不接受小弟弟，怎么办？

我的孩子今年3岁。怀了二胎后，我告诉他：“你很快就要有小弟弟了。”没想到，他很坚决地说：“不，我不要小弟弟，我不要小弟弟。”我以为他只是一时的情绪，没想到接下来的几天，他都很不开心，时常跑过来告诉我：“妈妈，我们不要小弟弟好不好？”直到我回答他不要小弟弟才罢休。孩子这么不接受小弟弟，我该怎么办呢？

很多大宝本能地认为小宝会与他争抢父母的爱，父母将不再爱他。他们会试图用哭闹去阻止父母的决定，使父母打消要第二个孩子的念头。当小宝出生后，他也可能会把一腔怨气发泄在小宝的身上，试图重新独占父母的爱。此时的大宝既需要你的理解，也需要你的帮助，帮助他更好地接受弟弟或妹妹。

在怀孕时，你可以经常让大宝摸摸自己的肚子，让他和弟弟或妹妹打招呼，或者和他一起给弟弟或妹妹讲故事。在小宝即将出生时，可以和大宝一起讨论给小宝取什么名字，想象小宝会喜欢什么东西，带上大宝一起为小宝采购，并且与大宝一起准备迎接小宝的礼物。通过这些行为，可以提前建立大宝与小宝之间的关系，让大宝感受到弟弟或妹妹的来临是一件非常美好、值得期待的事情。

当小宝出生后，你在关注小宝的同时，也要增加对大宝的关爱，多与大宝进行沟通，了解孩子的所思所想。如果大宝存在“有了弟弟或妹妹，爸爸妈妈会不要我”等消极思想时，要及时进行安慰、疏导，明确告诉他因为弟弟或妹妹还小，需要爸爸妈妈的照顾，但爸爸妈妈仍然很爱他；也可以翻出大宝小时候的照片，告诉他，他小时候爸爸妈妈也是这样精心照顾的。

你还可邀请大宝同爸爸妈妈一起照顾小宝，如小宝哭了，让他帮忙哄哄。要记得及时夸奖大宝，告诉他小宝很喜欢他的照顾，他是一个很棒的哥哥（姐姐）。大宝会从照顾小宝身上获得成就感，会减少他对小宝的嫉妒，他也会懂得如何去做一个好哥哥（姐姐）。

3. 孩子进入幼儿园，上课不敢回答问题怎么办？

幼儿园老师告诉我，我的孩子在幼儿园上课不敢举手回答问题，当老师提问时，低着头不敢看老师，一会挠挠头，一会玩手指头，支支吾吾不敢说话。而在家孩子并不是这样的。他在家活泼好动，想说什么就说什么。

3 岁的孩子第一次离开自己熟悉的家来到陌生的幼儿园，面临陌生的老师，这对他来说就是一大挑战。虽然孩子开始逐渐适应新环境，但要在老师、同学的面前举手并回答问题，对孩子来说仍然是一件难事，尤其是对性格内向的孩子来说，更是难上加难，他们会表现出更多的拘谨、羞怯，行为上回避。面对孩子这一行为，不必太过于焦虑，有时候你的焦虑也会传递给孩子，增加孩子的不自信。只要正确面对，孩子可以很快适应环境，变得活泼开朗。

每天早上送孩子去幼儿园的时候，鼓励孩子主动和老师打招呼、拥抱，让孩子感受到老师和妈妈一样都是很爱他的人。同时，你也要多鼓励孩子和其他小朋友一起玩。周末的时候，可以约几个家长把孩子带出去一起玩，也可以让孩子邀请自己在幼儿园的好朋友来家里做客。

另一方面，你也可以和孩子一起玩情境游戏，帮助他克服不敢回答问题的困难。你可以在家模拟这一情境，玩“提问—回答”的游戏。由妈妈做老师，爸爸和孩子做学生，“老师”提问，“学生”

抢答问题，谁回答得快而正确，谁就赢了。通过情景模拟，下次再遇到这样的情境，孩子就不会再感到陌生，能从容地面对了。

4. 孩子为什么不愿意与其他小朋友一起分享呢？

今天是萌萌的3岁生日，家里来了很多客人，萌萌的小表妹也来了。萌萌获得了一个新的芭比娃娃，漂亮极了，她可喜欢啦。她一个人在房间玩了起来，小表妹看见萌萌在玩洋娃娃，她也想玩，可是萌萌并不想给她玩。我建议萌萌把娃娃借给小表妹玩一下，结果萌萌放声大哭。我很困惑，为什么萌萌就不愿意和别人一起分享玩具呢？

家有3岁小宝的宝妈们常会发现自己的孩子出现类似的情况，不用担心，这只是孩子的正常反应。3岁孩子还没有学会真正分享。这一时期孩子仍以自我为中心，即他只关注自己的观点、感受，认为其他人也会以与自己相同的方法去思考和感受。当萌萌得到洋娃娃时，她关注的是自己得到洋娃娃的快乐。如果小表妹拿走了洋娃娃，她就不能玩洋娃娃，她的快乐也就消失了。此时，她还无法意识到表妹想玩洋娃娃的心情，无法去体会表妹的感受。如此，萌萌怎么会接受你的建议，把娃娃借给表妹玩呢？

另一方面，这个时期孩子的“物权意识”很强，对自己和别人的东西分得很清楚。他不允许别人抢夺属于他的东西，这更像是自我发展的标志，是一种澄清自己和他人界限的努力。父母对孩子的这一特征要采取尊重的态度，不能强行要求孩子与他人分享，要让孩子明白自己与物品之间的支配关系，只有孩子拥有了物权安全感，有了“这是我的东西”的概念，才会逐渐形成“我与你分享”的意识。

5. 孩子注意力不集中怎么办？

我发现明明在家玩游戏时喜欢把所有的玩具都搬出来，一会玩玩这个，一会玩玩那个，每个玩具玩的时间都很短暂。和幼儿园的老师进行沟通后，发现他在幼儿园里也是这样，上课注意力不集中，一会看看这个，一会看看那个。

年幼孩子的注意力维持的时间很短，自我控制能力差，很容易受到无关刺激物的干扰。这也是为什么明明在上课时会一会看看这个，一会看看那个。父母要正确认识孩子的注意力保持时间短这件事，尊重孩子的身心发展特点，不应一味严格要求孩子长时间保持注意力。但这并不意味着你不需要培养孩子的注意力，因为良好的注意力与孩子日后的学业息息相关。你可以通过以下方法来培养孩子的注意力：

（1）你可以为孩子创设一个“工作”区域，即孩子学习或者游戏的地方。

“工作”区域布置应该干净明亮，房间颜色不要过多、过于明艳。当孩子进入“工作”区域内，则要把与孩子此时“工作”任务无关的东西收拾起来，减少其他刺激物对孩子的干扰，保持孩子注意力的集中。

（2）有条不紊、整洁有序的环境更有利于培养孩子的注意力。

你可以带领孩子一起对书籍与玩具进行整理，将不玩的玩具和书籍及时收纳起来。可以让孩子做“小小管理员”，商量制定书籍管理条例和玩具收纳规则，如看完的书籍要及时归位，摆放在原来的位置。

（3）训练孩子的注意力需要循序渐进。

训练孩子的注意力需要循序渐进，要逐步增加孩子保持注意力的时间。你可以先观察孩子日常保持注意力的时间，然后基于他的具体情况，设定孩子第一次训练保持注意力的时间，然后逐渐增加，增加时间的多少也以孩子的具体情况而定。

（4）培养孩子专心做事的好习惯。

我们往往会在生活中看到类似的场景：孩子在认真地玩游戏，父母不停地和孩子说话，问孩子要不要去做其他事情。父母的这些行为无形中影响了孩子注意力的集中，让他养成了不良的习惯。因此，你应从生活小事做起，帮助孩子养成专心致志的好习惯。当孩子集中注意力做某件事情时，不打扰他，让他专心完成。

6. 孩子在幼儿园没有获得小贴纸，很难过，怎么办？

放学了，我去接依依，发现她闷闷不乐的，话也不多。以前，依依每次放学总是很开心地和我讲很多她在幼儿园里发生的事情，老师教了什么新的本领，总是迫不及待地想展示给我看。在我耐心询问后，依依低着头，轻轻地说："妈妈，今天我没有得到贴纸。"我不知道该怎么安慰她，只好抱抱她。我想知道遇到这样的问题，我该怎么办。

对 3 岁的小朋友来说，贴纸意义非凡。小小的贴纸里有老师对他的喜欢，有他棒棒的表现。依依没有得到贴纸，在她看来这意味着她今天表现不是很好，老师可能会不喜欢她。这让她很难过。

你是一位细致的妈妈，及时发现了依依的情绪低落，并拥抱了她。你做得很好，你的拥抱让孩子低落的情绪得到安抚。如果孩子这种低落的情绪持续的时间较长，那么你就需要想办法帮助孩子疏导这种情绪。你可以给孩子一个小空瓶，让她对着小空瓶把自己的不愉快都讲出来；也可以让孩子把伤心的情绪画下来，然后团起来扔了，一边扔一边说："我不再难过了。"

等孩子的情绪稳定下来，你可以询问孩子具体的事情，这时候孩子也会乐意告诉你事情的始末。了解了事情的始末，你要向孩子传递积极的信念，"这次没有拿到小贴纸不要紧，只要我们努力准备好，下次拿两张贴纸"，鼓励孩子重拾信心，再次尝试。你也可以帮助孩子分析没有拿到小贴纸的原因，争取下次做得更好。

7. 老人坚持给孩子喂饭怎么办？

孩子已经 3 岁了，我和先生认为该让孩子自己吃饭了，这也有利于他适应幼儿园的生活。可是家里的老人每次都会说："孩子这么小，干吗一定要他自己吃饭？他自己吃的话，要吃到什么时候。你们小时候不也是我喂大的，等他长大了自然就会自己吃饭了。"

你和先生的观点是正确的。3 岁的孩子一般已经能够熟练地用勺子吃饭，应该坚持让他自己吃。虽然孩子吃得可能会比较慢，也有可能会撒得到处都是，但当他吃完一碗饭后，孩子会收获满满的成就感。这也有助于他独立性的培养，形成自己能做的事情自己做的意识。吃饭也是幼儿园生活的重要部分，吃饭的体验是否愉快会影响到孩子在园的状态。进入幼儿园后，孩子需要自己吃饭，如果父母在家已经进行过相关的训练，孩子会更从容地适应幼儿园生活。虽然在训练孩子自己吃饭的过程中，会遇到老人的阻碍，但请一定要坚定自己的教育理念，不能轻易妥协。

另一方面，你需要处理好和祖辈教养不一致的问题，切忌与老人发生直接的争执，或者对老人一味地批评与指责。这会让老人很没面子，容易引发家庭矛盾。你要肯定老人的出发点和你是一致的，都希望孩子健康、快乐地成长，只是他们选择的方法不是很好。你可以先和老人进行沟通，语气尽量缓和些，态度诚恳些，既表达出对他们的理解，又要委婉地指出在家一直喂饭的弊端。如告诉老人，之所以反对他们给孩子喂饭，是因为孩子在家习惯了喂饭，到幼儿园吃饭就明显要落后于其他小朋友，这不利于宝贝适应幼儿园生活。相信老人一定可以理解你们的良苦用心，也会为了孩子和你站在统一战线上。另外，你也可以邀请祖辈一起制订培养孩子独立性的方案，让老人多提意见，采纳他们好的教养方法，让老人感到自己宝刀未老，在孙辈的成长上也能贡献自己一的份力量。

8. 孩子得不到自己想要的东西就哭闹怎么办？

每次带孩子去逛超市总是很头疼，他看见想要的玩具就要买，不给他买就大哭大闹。家里已经有很多玩具了。和他讲道理，不听；骂他，哭得更厉害。每次的超市之行都变成了母子大战的战场，我真的不知道该怎么办才好。

你遇到的这个问题，很多父母都遇到过，去一次商场就要上演一次这样的“战争”。孩子看见想要的东西就要买，不买就哭。孩子一哭，父母就开始慌了，最终以妥协而告终。显然，此时孩子是把哭闹作为他获得满足的工具和手段。这种方式肯定在过去的经历中产生过很好的效果，所以他会再次选择这种方式让你投降。因此，此时的你要保持镇定，可采取暂时的消极冷却法。当孩子哭闹得厉害时，你并不需要上前哄他，与孩子保持一定的安全距离，也许他哭着哭着声音就小了。你要知道他的哭闹是为了引起你的注意和心疼，一旦他发现哭闹并不能达到目的，一段时间后他也就此作罢了。相反，如果你马上上前哄孩子，满足他对于新玩具的渴求，那么他的哭闹行为只会愈演愈烈。需要注意的是，在孩子哭闹的过程中，千万不要对孩子说“恐吓”的话，如“你就在这儿闹吧，我走了”“你再这样，妈妈就不喜欢你了”，这些话会让孩子的情感受到伤害，让他缺乏安全感，会哭得越来越厉害。

等孩子冷静下来时，你要及时地告诉孩子“我理解你的感受”，并告知孩子不能买新玩具的原因，如“因为家里已经有很多类似的玩具了，所以这次不能买，但妈妈仍然爱你”。父母还可引导孩子用语言表达自己的需求，如“我喜欢这个玩具，你不买给我，我很生气”，让孩子明白哭闹不能产生任何作用和效果。

9. 为什么孩子上幼儿园后就经常生病？

我的孩子以前身体挺好的，可是他一上幼儿园就经常生病，经常性地感冒咳嗽。看着宝贝那么难受，作为妈妈的我更难受，对其中的原因我也很困惑，希望可以得到帮助。

孩子生病对你来说，肯定是最煎熬的事了。带孩子上医院，打针的时候孩子撕心裂肺地哭，父母恨不得是自己生病，针扎在自己的身上。那么，为什么孩子上幼儿园后就容易生病呢？原因可能是：①幼儿园开学的时候，正值季节更替，气温时冷时热的，再加上孩子自身的免疫系统还不完善，容易生病。②幼儿园是一个大集体，孩子在集体中生活，相互之间容易发生感染。幼儿园班级里有一个小朋友生病了，就可能会传染给其他小朋友，有可能会导致全班病倒的窘境。③孩子刚上幼儿园，第一次离开自己熟悉的家，离开父母来到一个陌生的环境，常会表现得很焦虑，这种焦虑也可能会引发孩子身体的不适。

因此，对这种情况，你要做到提前预防、积极治疗。季节更替的时候，关注天气的变化，适当地给孩子增加或减少衣服。气温变化较大的季节，你可以在孩子的小书包里放上一件衣服来备用。其次，提高孩子自身的免疫力是关键。父母可以有意识地调整孩子的饮食，做好荤素搭配，保证营养均衡。另一方面也要经常带孩子运动，通过运动提高孩子的免疫力。如果孩子已经生病了，你也不要太心急，要积极和老师进行沟通，及时就医，做好相关的护理工作。

10. 孩子早上总是嚷嚷着不要去幼儿园，怎么办？

孩子刚上幼儿园的前两天还挺开心，第三天早上突然眼泪汪汪地对我说："妈妈，我不想去幼儿园。"我告诉他，这是不行的，爸爸妈妈要上班，没有人照顾他。这时孩子哭得更厉害了。看着孩子哭闹，我的心里也很难过，有时真想不上就不上好了，可是我也很清楚这是孩子成长的必经之路。唉，我该怎么办才好呢？

离开自己熟悉的家进入陌生的幼儿园里生活、学习，这对 3 岁的孩子来说本身就是一件极具挑战的事。很多孩子会表现出各种不适，出现入园焦虑。孩子哭闹着不想去幼儿园就是入园焦虑的一种表现。很多孩子在入园初期都会有这样的现象，只要我们正确面对、引导，孩子是能够很快适应幼儿园的。

接纳孩子入园焦虑的情绪。首先，我们要接纳孩子入园焦虑的情绪，要从孩子的角度出发，理解并宽容他们的哭闹，安抚孩子的情绪。当孩子哭闹着不想去幼儿园时，你可以允许孩子哭一会："我知道你是因为马上要和妈妈分开，这让你很难过，你想哭就哭一会吧。"孩子哭的时候，你可以轻轻地抚摸他的背，让他感受到你在他身边，切忌因孩子一哭就打就骂，这会加剧孩子的负面情绪，他们会认为爸爸妈妈不爱他了，不要他了。当然，接纳孩子的情绪，并不代表要纵容孩子的哭闹，可以不去上幼儿园。对去幼儿园这件事，你的态度还是应该很坚决的。等孩子情绪稳定后，你还是要坚持送孩子去幼儿园。

给孩子构建美好的期待。你可以多和孩子聊聊幼儿园、发生在幼儿园里有趣的事，让孩子更加了解、喜欢幼儿园，对上幼儿园有一份期待。如“幼儿园里有大大的滑梯，你可以从这边滑到那边”；“到秋天的时候，幼儿园的老师们会带着小朋友去秋游，去找树叶”；“幼儿园的老师个个都是有本领的人，他们会唱歌、跳舞，还会带你玩游戏”……你在讲的时候可以适当地放慢语速，带点神秘感，孩子肯定会被吸引，会爱上幼儿园。

做好入园准备。提前做好入园准备工作，可以帮助孩子更好、更快克服入园不适应。很多孩子不喜欢上幼儿园，除了是因为要和爸爸妈妈分开以外，还有可能是因为不适应幼儿园的生活。如幼儿园里要自己吃饭，要午睡，要自己穿脱衣物等。你可以提前帮助孩子养成良好的生活习惯，让孩子能更从容地应对幼儿园生活。

给孩子带上他喜欢的玩具或熟悉的东西。每天上幼儿园之前，你可以允许孩子带上他喜欢的玩具或熟悉的东西去幼儿园，这些东西可以安抚孩子的情绪。

信守承诺，早接孩子放学。相信很多家长都会对孩子说：“宝贝，妈妈下班了就会来接你”“你一放学，妈妈就来接你”，孩子也会反复确认：“妈妈，你下班了要早点来接我。”一旦父母答应了孩子要早点接他，那么请尽量协调好自己的工作，让孩子一放学就可以看见你。这会让孩子觉得更安心，降低他的焦虑感。

11. 孩子撒谎怎么办?

我发现大宝最近很爱撒谎。他和弟弟一起吃饭，他把自己最不喜欢吃的胡萝卜扔在桌子上。我问他为什么要扔掉胡萝卜，他指着身旁的弟弟说:“这不是我扔的，是弟弟扔的。”有一次，他从幼儿园回家，告诉我说幼儿园里小朋友打他，我和他老师沟通后才知道，人家只是不小心碰了他一下。孩子经常撒谎会不会影响他品格的发展?我该怎么办呢?

3岁孩子撒谎是很正常的，你大可不必这么紧张。这个年龄的孩子有时是无意识撒谎的，如你家孩子告诉你说幼儿园里的小朋友打他，他只是说话的语言比较夸张，把小朋友碰了他一下说成了打。当然，有时孩子也会有意识撒谎，会为了推卸责任、逃避惩罚而撒谎。如你家孩子把扔胡萝卜的过错推给弟弟，他知道你会因为这件事生气，也有可能会惩罚他。他不想被惩罚，所以他撒谎了。

发现孩子撒谎了，你不要直接戳穿孩子的谎言，也不要马上给予孩子严厉批评，更不要说类似的话:“撒谎的都是坏孩子”“不许撒谎，再撒谎，我就不爱你了”。你可以冷静下来，先听听他们说谎的原因。如果孩子是因为害怕受到惩罚而撒谎的话，你可以通过和孩子沟通，消除孩子的恐惧感，并告诉他或许把责任推给别人是一件很有诱惑力的事，可以让他一时逃脱惩罚，但是说实话更重要。不管发生了什么事情，你都很爱他。如果孩子是无意识撒谎的话，你可以告诉他用更准确的语言来表述这件事，因为如果表述不准确，可能会给其他人带来麻烦。只要耐心一些，细心一些，发现孩子撒谎背后的动机，正面引导他们，相信他会学会说实话的。

12. “为什么男孩子要站着撒尿？”

小土豆最近有很多的怪问题，经常会问我：“妈妈，妈妈，为什么男孩子要站着撒尿？”“为什么我没有小鸡鸡？”面对这样的问题，我不知道怎么回答，只好说：“因为他是男孩子啊。”她似乎对这个问题很感兴趣：“那我可以站着撒尿吗？”“不可以，因为你是女孩子。”“那为什么男孩子要站着撒尿呢？”这时候我是崩溃的，面对这些问题我该怎么办？

首先，你不需要为孩子的这些问题大惊小怪，她之所以会问这些问题是源自她对自己身体的好奇，对异性的好奇，尤其是对异性身体器官的好奇。这种好奇是她处于性发展阶段的正常表现。这个年龄阶段的孩子还会对怀孕和出生很感兴趣，会很想知道“我从哪里来”。当孩子问到这些问题时，不要避而不谈，或者神秘地简短回答，而是要像对待其他问题一样，自然、轻松地回答。

其次，你可以利用“可教”的时间来对孩子进行性教育。在洗澡的时候，教孩子认识自己的身体器官。你可以告诉他不同的身体器官的具体名称以及功能，来减少他对自己身体的好奇。你也可以借助玩偶，和孩子一起来找一找男孩和女孩的不同，来帮助孩子认识男孩和女孩的不同身体结构。

你还可以利用绘本来帮助孩子获得必要的性知识。目前，针对孩子性教育的绘本有很多，内容有趣，语言简练生动，如《为什么我没有小鸡鸡》《爱的故事》《乳房的故事》等。和孩子一起共读这样的绘本，不仅可以让孩子获得必要的性知识，满足孩子的好奇心，还可以增加亲子之间的感情。

13. 孩子习惯了晚睡怎么办?

由于工作的原因，我和先生有时候下班有点晚，洗洗弄弄就很晚了。孩子上幼儿园之前，我们也没有刻意要求孩子早睡，孩子睡得也有点晚。上幼儿园后，我发现不能再这样下去了，每天早上，孩子都睡不醒，老迟到。我想改变孩子晚睡的习惯，要怎么办才好呢?

睡眠是一件很重要的事，它可以让孩子的身心得到充分休息，更有精力应对第二天的活动。孩子经常晚睡会影响他第二天的精神，对他身体的健康发展也是不利的。正如你描述的那样，你家孩子晚睡已经成了习惯，要改变一个习惯并不是那么容易的事，对你的耐心和精力都是一种考验，不要期盼一两个晚上就能搞定。如果可以的话，你和先生可以尽量争取早点回家，至少保证其中有一个人能早回家陪孩子睡觉。有父母的陪伴，孩子会更安心地睡觉。

在你决定改变孩子作息时间前，你可以抽空和孩子谈谈这件事，告诉他如果他还是这么晚睡觉的话，第二天可能就会起不来，来不及去幼儿园。你可以和孩子一起商量制定作息时间表，如晚上8:00必须到床上，8:30之后必须闭上眼睛乖乖睡觉。三四岁的孩子并没有很强的时间概念，主要以你为主，但他的参与会让他有成就感，有利于更好地执行作息安排。在孩子回到床上后，你可以陪着他，给他讲他喜欢听的故事，也可以放一些舒缓的音乐，帮助他逐渐平静下来。到8:30的时候，把灯光调暗，用温柔且坚定的语气告诉他该闭上眼睛休息了。前几个晚上，孩子肯定会告诉你："妈妈，我睡不着。"你可以抱抱他，或者亲亲他："宝贝，睡不着就把眼睛闭着，慢慢就睡着了。"这时候你可以多陪陪孩子，等到他睡着了再离开。你只要坚持，一段时间后，孩子就会养成早睡的好习惯。

14. 孩子一紧张就抠指甲怎么办？

参加丹丹幼儿园的运动会时，我发现别的小朋友都在听老师说，她却一个人在抠指甲，这让我觉得很奇怪。运动会结束后，我找到幼儿园老师问了一下，丹丹在幼儿园这种情况多不多？幼儿园老师说，好像让她站起来回答问题的时候有过这样的现象。在接下来的一个星期，我发现丹丹只要一紧张就会抠指甲，或者咬指甲。我该怎么做才能帮助她改掉这个坏毛病呢？

值得欣慰的是，你发现孩子的这一异常行为后并没有马上对她进行指责或者给她这一行为下定义，而是选择和老师沟通，继续观察孩子表现。三四岁的孩子由于认知的局限性，感到紧张的时候，他们并不知道该采用什么方法去正确缓解这一情绪。或许丹丹在某一次无意中发现抠指甲或咬指甲让她觉得可以放松些，所以在紧张的时候，她就用这种行为安抚自己。因此，当面对孩子这一问题时，你可以教给她一些小技巧，帮助她学会如何更好地缓解自己的紧张情绪。

气球呼吸法。想象自己的肚子是一个大大的气球，现在你要深深地吸进一口气把气球慢慢地吹大，吹成一个大气球。然后，再慢慢地把气球里面的气都吐出来。重复做 3~4 次，你会觉得心情放松了不少。带孩子一起做的时候，还可以想象自己的气球是什么颜色的，增加游戏的乐趣。

暗示法。当孩子紧张的时候，你可以抓着他的手，蹲下来，看着他的眼睛说："宝贝，如果把三十个小孩放在妈妈的面前，你猜妈妈会选择哪个小孩。我一定会选择——他。"这时，你的手指可以指向孩子："因为他是最棒的小孩。"这时候，孩子肯定会很高兴听见这个回答，你的话会让他变得更自信。你也可以教他，紧张了就在心里默念"我最棒，我是最棒的小孩"。

给孩子准备一个熟悉的小玩具，比如他平时常玩的小毛绒玩具。

当孩子紧张的时候，他可以拿着自己熟悉的东西，这样会让他更有安全感。捏握的动作也可以让孩子一定程度上放松自己。

鼓励孩子说出自己的感受。当孩子很紧张的时候，你可以让他说出自己的感受："我现在有点紧张。"孩子把这种紧张的情绪说出来以后，也会安慰自己的："慢慢地就不紧张了。"

15. 比赛中孩子得不了第一，哭闹怎么办？

宝贝很喜欢画画，幼儿园有绘画兴趣班，我们就给她报了一个。幼儿园每学期都会举行绘画比赛，宝贝今年得了第二名，她却很难过。她哭着对我说："妈妈，你能不能让老师再给我一个奖牌啊？"其实我并没有要求过孩子一定要拿第一，面对她的哭闹，我一点办法也没有。

3 岁的孩子对"第一"的看法与成人并不相同。在孩子眼里，"第一"是"棒""本领强"的象征且能得到相应的奖励和夸赞。孩子会根据这种夸赞来进行自我肯定的评价，而得不到第一会让孩子获得无能感和羞怯感，这对孩子而言是不愉快的情绪体验。因此，你需要站在孩子的角度体会孩子得不了第一的失落情绪。此时你可以抱抱孩子，安慰她："得不到第一名让你很难受，你想哭的话就哭一会吧，妈妈陪着你。"

等孩子情绪稳定下来以后，你可以慢慢引导她。3 岁的孩子还不能领悟竞争中成败输赢的相对性，他们什么都要比一比、试一试。在这种情况下，你的态度和引导很重要。你可以告诉孩子："虽然你今天没有拿第一，但你的画也很棒。妈妈认为今天你已经付出百分之百的努力去画这幅画了，在妈妈眼里这幅画是最好的，比得第一名还要好。"让孩子意识到比赛的目的不是为了争第一，而是通过参加比赛来肯定自己，让自己变得更好。

主要参考文献

1. 李燕 . 学前儿童的情绪教育：理论与实践［M］. 北京：北京大学出版社，2014.

2. 赵云娟 . 上海市徐汇区幼儿园师生口腔卫生现状调查［D］. 上海：复旦大学，2009.

3. 李燕，赵燕 . 学前儿童发展心理学［M］. 上海：华东师范大学出版社，2008.

4. 潘筱，王玉玮 . 左利手与右利手儿童智力特点的对比研究［J］. 中国全科医学，2007（2）.

5. 法伯，玛兹丽施 . 如何说孩子才会听　怎么听孩子才肯说［M］. 安艳玲，译 . 北京：中央编译出版社，2015.

6. 布鲁克斯 . 为人父母［M］. 张璇，译 . 北京：机械工业出版社，2015.

7. 桑特洛克 . 儿童发展：第 11 版［M］. 桑标，王荣，邓欣娟，等，译 . 上海：上海人民出版社，2014.

8. 帕克，克拉克－斯图尔特 . 社会性发展［M］. 俞国良，郑璞，译 . 北京：中国人民大学出版社，2013.

后记

《这样爱你刚刚好》是自孕期开始至大学阶段一套完整的新父母教材，全套共20册，0—20岁每个年龄段一本。之所以如此设计，是基于向不同年龄孩子的父母提供精准专业服务的需要。与常见的家庭教育图书相比，它不是某一位作者的个人体会和心得，而是40余位国内家庭教育专家集体研究和讨论的结晶，具备完整、科学的体系，代表了我国家庭教育发展的主流。

全国政协副秘书长、民进中央副主席、中国教育学会家庭教育专业委员会理事长、新教育实验的发起人朱永新教授，最先提出了编写如此庞大规模的新父母教材的设想，并且担任了第一主编。我和新家庭教育研究院副院长蓝玫一起，与中国青少年研究中心家庭教育研究所所长、《少年儿童研究》杂志主编刘秀英编审，中国青少年研究中心少年儿童研究所所长孙宏艳研究员和上海师范大学学前教育系主任、博士生导师李燕教授三位分主编，讨论并确立了本套教材的编写框架。

在中国的家庭教育领域，已经有多种多样的教材或读本，但水平参差不齐，而决定质量的关键因素是编写思想与专业水准。因此，新家庭教育研究院联合中国青少年研究中心和上海师范大学一起组建高水平的专业团队，来完成这一重大而具有创新意义的任务。具体分工如下：由上海师范大学学前教育系承担孕期及学前教育阶段的编写任务，由中国青少年研究中心家庭教育研究所承担小学教育阶段的编写任务，由中国青少年研究中心少年儿童研究所承担中学教育及大学阶段的编写任务。

孕期及学前教育阶段的作者是：孕期，上海师范大学副教授王晓芳，上海师范大学讲师赵燕；0—1岁，南京市江宁区竹山幼儿园教研主任陈露，小小运动馆课程总监杨薇；1—2岁，上海师范大学闵行区实验幼儿园教师胡泊；2—3岁，上海师范大学天华学院教师王英杰，上海市青浦区教师进修学院教师黄开宇；3—4岁，安徽池州学院教师吴慧娴，上海市宝山区吴淞成人中等文化技术学校教师吕芳；4—5岁，上海师范大学天华学院学前教育专业主任、副教授扶跃辉，上海师范大学天华学院教育学院院长助理张丽，王茜、潘莉萍、李艳艳、黄海娟、杨艳等教师参加编写；5—6岁，上海市闵行区莘庄幼儿园教师申海燕、陆夏妍。

我与刘秀英、孙宏艳和李燕三位分主编担任了审读与修改任务，在我突患眼疾的情况下，蓝玫副主编、首都师范大学副教授李文道博士承担了部分书稿的审读任务。第一主编朱永新教授亲自审读了每一册书稿，并提出了细致的意见，承担了终审的责任。

湖南教育出版社在黄步高社长的坚强领导下，不仅以强大的编辑团队完成了出版任务，而且创办了一年一度的家庭教育文化节，为推进我国家庭教育发展提供了强大的学术支持，展现了优秀出版社的远见、气魄和水准。

作为一个从事教育事业45年的研究者，我撰写和主编过许多著作，却很少有过编写新父母教材这样细致而艰巨的体验：从研讨到方案，从创意到框架，从思想到案例，从目录到样章，等等。尽管如此，这套教材还存在很多不足。同时我也深知，一套教材的使命，编写与出版其实只是完成了一半，另一半要依靠读者完成。或者说，只有当读者认可并且在实践中发展和创新了，才是一套教材的真正成功，也是对作者和编者的最高奖赏。

我们诚恳希望广泛听取读者和专家学者的批评指正，我们对您深怀敬意和期待！

孙云晓

2017年9月

图书在版编目（CIP）数据

这样爱你刚刚好，我的3—4岁孩子 / 朱永新，孙云晓，李燕主编. —长沙：湖南教育出版社，2017.11
ISBN 978-7-5539-5729-6

Ⅰ. ①这… Ⅱ. ①朱… ②孙… ③李… Ⅲ. ①学前儿童—家庭教育 Ⅳ. ①G781

中国版本图书馆CIP数据核字（2017）第214021号

ZHEYANG AI NI GANGGANGHAO，
WO DE 3—4 SUI HAIZI

书　　名　这样爱你刚刚好，我的3—4岁孩子
出 版 人　黄步高
责任编辑　陈慧娜　李章书
封面设计　天行健设计
责任校对　张　征　任　娟
出　　版　湖南教育出版社（长沙市韶山北路443号）
网　　址　http：//www.hneph.com
电子邮箱　hnjycbs@sina.com
微信服务号　极客爸妈
客　　服　电话 0731-85486979
发　　行　湖南省新华书店
印　　刷　深圳当纳利印刷有限公司
开　　本　787×1092　16开
印　　张　12.25
字　　数　100 000
版　　次　2017年11月第1版　2017年11月第1次印刷
书　　号　ISBN 978-7-5539-5729-6
定　　价　48.00元

如有质量问题，影响阅读，请与湖南教育出版社联系调换。
联系电话：0731-85486979